DE ONWEERSTAANBARE
AANTREKKINGSKRACHT
VAN

GODS
LIEFDE

SWAMI AMRITASWARUPANANDA PURI

Mata Amritanandamayi Center
San Ramon, Californië, Verenigde Staten

De onweerstaanbare aantrekkingskracht van Gods Liefde

Door Swami Amritaswarupananda Puri

Uitgegeven door:
Mata Amritanandamayi Center
P.O. Box 613
San Ramon, CA 94583
Verenigde Staten

–––––– *The Irresistible Attraction of Divinity (Dutch)* ––––––

In Nederland:
www.amma.nl
info@amma.nl

In België:
www.vriendenvanamma.be

In India:
www.amritapuri.org
inform@amritapuri.org

INHOUD

TOEWIJDING

dhyāyāmaḥ suvibhātabhānuvadanāṃ
sāndrāva bōdhātmikāṃ
tattvajñānavibhūṣitāmabhayadāṃ
tacchabdavidyōtikāṃ
mandasmērasubhāṣitairnatikṛtāṃ
sarvārtividdvamsikāṃ
brahmānanda parāyaṇāmatulitā-
mambāmṛtākhyāṃ parāṃ

We mediteren op Amma, wier gezicht zo
stralend is als de opkomende zon, die zuiver
bewustzijn belichaamt, die getooid is met het
juweel van spirituele wijsheid, die toevlucht
biedt aan haar toegewijden, die de kennis van
het Allerhoogste laat ontbranden in het hart van
haar leerlingen, die met haar lieve glimlach en
hemelse woorden het verdriet verdrijft van hen
die in nood verkeren, die altijd gevestigd is in
Brahman, de Allerhoogste, die ongeëvenaard
is en bekend is geworden als Amrita.

ōm prēmāmṛtānandamayai
nityam namō namaḥ

INLEIDING

Liefde is het enige in de wereld wat een onweerstaanbare aantrekkingskracht heeft. Het is het
belangrijkste, meest essentiële gevoel in alles wat
leeft. Ongeacht onze achtergrond, nationaliteit,
taal of positie in de maatschappij is de kracht van
liefde iets wat de hele mensheid, misschien wel de
hele schepping, met elkaar gemeen heeft.

Hoewel de liefdesenergie in iedereen hetzelfde
is, wordt liefde op verschillende manieren uitgedrukt afhankelijk van iemands *samskara* (gewoontes en eigenschappen). Amma verwoordt het zo:
"Een wetenschapper voelt liefde voor protonen en
neutronen. Een dichter of spreker drukt liefde in
woorden uit, terwijl voor sommigen voedsel liefde
is. Iedereen kent liefde voor familie en vrienden.
Kleur is liefde voor een kunstenaar. Een baby
voelt liefde voor zijn moeder en een honingbij voor
bloemen. Maar voor een toegewijde is God liefde.
Zo is de *guru* liefde voor een leerling."

De mens wordt beschouwd als de hoogst
geëvolueerde soort. We kunnen deze prachtige
liefdesenergie uitdrukken op fysiek en emotioneel

niveau, maar we moeten die ook richten op een hoger doel en hierdoor worden aangetrokken. Wat is dit doel? Het is ons bewust worden van de realiteit van ons bestaan, van datgene waarvan we gemaakt zijn. Sta me toe om Amma te citeren. Ze zegt: "Liefde is de enige taal die iedereen, inclusief planten, dieren en zelfs objecten zonder bewustzijn, kan begrijpen. Het is een universele taal. Liefde zuivert en transformeert alles."

Er wonen in Amma's ashram, Amritapuri, twee honden. Tumban is een mannetje en Bhakti een vrouwtje. Ze zijn als puppy op straat gevonden. Als er ook maar iemand volledige bewegingsvrijheid in de ashram geniet, dan zijn het deze twee honden. Ze mogen overal komen, zelfs in Amma's kamer, op haar bed en het darshanpodium. Niemand twijfelt eraan of ze dit mogen. Ze hebben een zeer speciale band met Amma. De manier waarop ze zich bij Amma gedragen en haar liefde en zorg voor hen heeft iets onvoorstelbaars. Het is zo duidelijk. Als je naar ze kijkt, moet je je wel afvragen wie deze honden toch zijn.

Tumban en Bhakti wonen heel trouw de ochtendarchana (het reciteren van de *Sri Lalita Sahasranama,* de 1000 namen van de Godin

Lalita Paremeshvari, gevolgd door het zingen van de *Mahishasura Mardini Stotram*) en de avondbhajans bij samen met alle ashrambewoners. Als Amma zingt, zorgt ze ervoor dat er genoeg ruimte naast haar *pitham* (zitplaats of stoel) is zodat Tumban comfortabel kan liggen. Terwijl Tumban naast Amma gaat liggen, kruipt Bhakti onder Amma's stoel. Bhakti zit nooit op de *pitham*, zelfs als er plek is en zelfs als Tumban er niet is.

Een ander aspect van hun band met Amma is het immense verlangen dat beide honden hebben om Amma's liefde en aandacht te krijgen, vooral Tumban. Hij laat vaak weten dat hij geliefkoosd wil worden. Elke mogelijkheid grijpt hij aan om door Amma geaaid te worden. Hij tilt dan zijn voorpoot op en duwt zachtjes Amma's hand omhoog om haar te laten weten dat ze over zijn kop moet aaien. Natuurlijk geeft Amma altijd gehoor aan Tumbans verzoek. Als ze ophoudt, herhaalt hij hetzelfde gebaar. Het punt is dus dat zelfs dieren en planten gevoelig zijn voor echte liefde.

Liefde is een alchemist. Het kan alles en iedereen veranderen. Het geeft zelfs inerte objecten een identiteit. Amma zegt: "We geven onze honden en katten toch een naam? De naam brengt een grote verandering teweeg. Er vindt een verandering in ons plaats. Het dier of de vogel wordt opeens een individu. Ze krijgen een persoonlijkheid." De liefde in ons is de kracht die het huisdier een identiteit geeft, omdat we het gaan zien als iemand die dierbaar is.

De hond, kat of vogel ondergaat een transformatie in onze geest, hoewel het enkele minuten geleden gewoon een van de honderden dieren in een willekeurige dierenwinkel of opvang was. Dit is echt een wonder.

Iedere boom in Amma's ashram in San Ramon, Californië, heeft een naam. De naam geeft de boom een persoonlijkheid. Dit verandert ook de manier waarop de bewoners en de toegewijden die op bezoek komen, ernaar kijken. Kleine kinderen geven hun speelgoed, hun barbiepoppen, teddyberen enzovoorts een naam. Zodra ze een pop een naam geven, is het geen levenloos object meer. De pop komt voor hen tot leven en krijgt gevoelens, honger, dorst, behoefte aan slaap enzovoorts. De kinderen behandelen hun pop als een mens.

Deze spontane behoefte om liefde te voelen, om liefde te geven en liefde te zijn is aangeboren bij kinderen, volwassenen, dieren en planten (hoewel niet zo zichtbaar).

Liefde is even belangrijk als de lucht die we inademen. Het is essentieel voor ons welzijn. Sterker nog, het is het fundament van ons ware zelf, onze essentie, de grond van ons bestaan. Liefde is de zuiverste vorm van energie. De bron van deze eeuwige energie is in ons. Als we dieper en dieper naar de bron van liefde gaan, openen de geheime kamers van ons hart zich. Hoe meer liefde er in ons hart is, hoe meer wonderen er in ons leven zullen gebeuren. We noemen dit 'wonderen', 'bijzondere ervaringen' of 'onvoorstelbare prestaties'.

Los van de naam die we eraan geven, is het de liefde die ons dichter bij ons eigen Zelf heeft gebracht, dichter bij God, dichter bij de schepping. Als we verliefd worden op de schepping, reageert zij door verliefd te worden op ons. Langzaamaan ontvouwt deze aantrekkingskracht zich tot een buitengewone liefdesrelatie, een verbindende omhelzing waarbij uiteindelijk de twee tot één samensmelten. Die liefdesaffaire is het begin van grenzeloos wederzijds delen.

Als de liefde in ons ontwaakt en volledig tot bloei komt, komen we automatisch in harmonie met het universum. Veel eminente wetenschappers, zowel in het heden als het verleden, zijn grote bewonderaars van het universum. Zij beschouwen het universum in opperste verwondering. De diepte van hun liefde inspireert hen om diep in haar mysteries te duiken. De gerenommeerde wetenschapper Carl Sagan merkte op: "Voor kleine schepsels zoals wij, is de uitgestrektheid alleen draaglijk door liefde."

Bij Amma zien we een totaal andere dimensie van deze liefde. Zij heeft het verheven tot de staat van transcendentie, voorbij alle beperkingen. Amma is een *Brahmavid*, een kenner van absoluut bewustzijn, waar weten en zijn identiek zijn. Permanent gevestigd in de staat van *sahaja samadhi* (de hoogste spirituele realisatie), is Amma gekomen om degenen te helpen die op zoek zijn naar de Waarheid. In haar zien we de onmetelijke diepgang en de verbijsterende uitgestrektheid van de hoogste liefde.

Amma is voortdurend bezig met verschillende activiteiten, zoals het leiden van de Amrita Universiteit met acht campussen, het adviseren van de studenten en onderzoekers die het wetenschappelijk onderzoek uitvoeren, het adopteren van de armste plattelandsdorpen in heel India en het stimuleren van de dorpelingen om duurzamer te gaan leven, of iedere dag *darshan* geven aan vele duizenden mensen. Toch is ze altijd één met de transcendente werkelijkheid. Ze is bij alles wat ze doet vredevol en gelukzalig.

Als een kenner van *Brahman* uit oneindig mededogen voor de mensheid naar de wereld komt, zal deze een onweerstaanbare goddelijke aantrekkingskracht hebben. Geen enkel mens of bovennatuurlijke kracht kan de betoverende kracht stoppen van een *Satguru*, een verlichte of gerealiseerde spirituele meester, die uit louter mededogen mensen helpt om de oceaan van verdriet over te steken. Het is als de zwaartekracht van de aarde. Alles beweegt zich naar hen toe.

De *Satguru* is als een vergrootglas. Onze geringste negativiteit wordt in zijn aanwezigheid vergroot. Voor een *guru* kun je de waarheid niet verbergen. Die aanwezigheid is absoluut de beste atmosfeer voor een *sadhak*, een spirituele zoeker die een intens verlangen heeft om God te realiseren, om de onbekende wereld van spiritualiteit te onderzoeken. Als een kundige en goed geïnformeerde reisleider zal Amma ons bij deze reis begeleiden. Tijdens deze reis zal onze enige metgezel de *Satguru* zijn. De stortvloed van haar ononderbroken en zuivere moederliefde, de oneindige wijsheid die ze biedt, de diepte van haar begrip en de goddelijke schoonheid van haar realisatie maakt van deze reis een viering. Tegelijkertijd disciplineert ze ons met de liefde van een briljante en buitengewone ouder waardoor ze ons in staat stelt om onze minder goede eigenschappen te ontgroeien, de *vasana's* die onze weg belemmeren.

De eerste stap op deze reis is het wakker maken van de inherente liefde in ons. Als we het licht van de liefde in ons opnieuw hebben aangestoken, zorgt Amma ervoor dat deze vlam van liefde blijft branden. In het kristalzuivere licht van die liefde maken we een zuiveringsproces door. Naarmate de liefde in ons zuiverder wordt, zal geleidelijk aan ons niveau van bewustzijn ook toenemen. Het maakt ons innerlijke potentieel wakker en opent ongekende dimensies van het bestaan.

De guru-leerlingband is de zeldzaamste van alle mogelijke relaties. Deze relatie kan alleen uitgelegd worden door verhalen, persoonlijke ervaringen, citaten uit de geschriften enzovoorts. Hier gaat dit boek over. Het is een compilatie, een bewerking van enkele van mijn lezingen en publicaties.

De belangrijkste onderwerpen die in de essays worden besproken zijn: de *Satguru* en het universele van het guru-principe, de alomvattende aard van de *guru*, waarom zijn de *Satguru* en God één, het unieke van de guru-leerlingrelatie, het belang van onbevangen liefde, genade, de onweerstaanbare aantrekkingskracht van de guru en andere spirituele onderwerpen.

Ik ben een gezegend mens als dit boek bij de lezer een sprankje licht teweegbrengt. Het allerbelangrijkst is dat ieder woord in dit boek, elke gebeurtenis een kleine reflectie is van de *Satguru* Amma in mij. Wat ik nu ben, als ik al iets heb bereikt, komt alleen door Amma's oneindige genade en begeleiding. Zonder haar ben ik niets.

Deze inleiding zou niet volledig zijn zonder dank te betuigen aan Sneha (Karen Moawad). Haar onverdeelde en onbaatzuchtige steun hielp me bij het bewerken van dit boek. Het is haar liefde en toewijding voor Amma die haar heeft geïnspireerd om er zoveel tijd en energie in te steken. Mijn dankbaarheid voor haar kan niet in woorden worden uitgedrukt.

Laat me eindigen met een citaat van de President van India, wijlen A.P.J. Abdul Kalam, die een prominent wetenschapper en een geweldig mens was. Hij zei: "Als God je in grote problemen brengt, vertrouw Hem dan volledig. Want er kunnen twee dingen gebeuren. Of Hij zal je opvangen als je valt, of Hij zal je leren vliegen." Amma leert ons niet alleen om hoog in de lucht van Godsbewustzijn te vliegen, maar leert ons ook hoe we er één mee kunnen worden.

Swami Amritaswarupananda Puri
Mata Amritanandamayi Math
Amritapuri, Kollam, Kerala
India

1 | AMMA'S SANKALPA

Mensen storten tijdens de *darshan* hun hart bij Amma uit. Als Amma naar hun verdriet luistert, fluistert ze liefdevol in hun oor: *"Makkale, Amma sankalpikkam."* (Kinderen, Amma zal een *sankalpa* (goddelijk besluit) maken.) Deze vorm van hulp is erg bekend bij toegewijden, niet alleen in India maar over de hele wereld. Veel mensen vragen: "Amma zei dat ze een *sankalpa* zou maken. Wat betekent dat? Betekent dit dat ze zal denken of dat ze zal bidden?"

Voor we deze vraag beantwoorden is het interessant op te merken dat hindoes gewoonlijk tot Brahman bidden, de hoogste absolute God, of tot de drie manifestaties van God: Brahma de schepper, Vishnu de beschermer en Shiva de vernietiger (zodat de scheppingscyclus weer opnieuw kan beginnen). Of ze bidden tot Vishnu's incarnaties Rama en Krishna of tot andere goden zoals Amma. Als verlichte meesters het woord *sankalpa* gebruiken, is het niet zomaar een gedachte. Ook is het geen gebed zoals we dat gewoonlijk opvatten. Een *sankalpa* is een zeer subtiele en daardoor zeer krachtige intentie die alleen

een gerealiseerde meester kan maken door gebruik te maken van zijn *iccha shakti*: de wilskracht om een bepaalde schadelijke situatie in bedwang te houden, op te lossen of te elimineren of om een positieve verandering teweeg te brengen. Alleen een verlichte ziel die boven alle voorkeur en afkeer staat, die één is met het geheel, kan dit doen. De *Brihadaranyaka Upanishad* zegt hierover:

> *sō'kāmayata dvitīyō ma ātmā*
> *jāyētētisō'kāmayata dvitīyō ma ātmā jāyētēti*

> Hij wilde of God wilde, moge ik een
> tweede Zelf hebben (1.2.4)

Zo ontstond de schepping, de wereld zoals wij die kennen. De wereld is als de kleding van de Allerhoogste. Daarom wordt het 'tweede Zelf' genoemd. Als de *Upanishad* 'tweede Zelf' zegt, worden de talloze namen en vormen bedoeld die we in de wereld aantreffen. Daarom is er sprake van een zeker 'anders zijn' in deze wereld. Deze verwijzing naar het 'tweede Zelf' duidt erop dat de wereld niet de werkelijkheid zelf is, maar een reflectie ervan.

Het realiseren van deze eenheid, het ultieme geheim achter de wereld van namen en vormen, stelt de kenner in staat controle uit te oefenen over de vijf elementen. Hoewel Satguru*s* controle hebben over de fundamentele bouwstenen van het universum, gebruiken ze hun krachten niet om de gevestigde natuurwetten van het universum te verstoren. Met andere woorden, de wil van een verlichte ziel en de wil van het universum zijn identiek, in volmaakte harmonie. Een gerealiseerd meester is ook een *trikala jnani*, een kenner van de drie tijden (verleden, heden en toekomst). Hij kan gemakkelijk zuivere energie geven aan alles, met of zonder bewustzijn. Hierdoor wordt er een verlichting ervaren of worden spirituele en materiële wensen en doelen vervuld, maar in geen geval schadelijke of zelfzuchtige wensen of doelen. Daarom is een *sankalpa* iets wat voortkomt uit het diepste Zelf van een volmaakte meester, een *Satguru*. De ontvanger van een *sankalpa* moet ook in staat zijn om deze te ontvangen en de zuiverheid van de goddelijke *sankalpa* te bewaren.

Deze overbrenging van energie wordt *sankalpa* genoemd. Deze energie is veel sterker dan materie, zo veel sterker dat zelfs het onmogelijke mogelijk wordt. Misschien kunnen we het een 'opdracht van de uiteindelijke beheerder van de elementen' noemen. Dit moet echter niet geïnterpreteerd worden als het enige doel van gerealiseerde meesters. We moeten voor ogen houden dat het maken van een *sankalpa* talloze aspecten kent, vaak onzichtbaar en voorbij ons begrip.

Het is moeilijk om een *sankalpa* van een meester als Amma te definiëren. Het is een openbaring, een gezegend moment of een situatie die zich voordoet, misschien door een verheffende en gelukzalige ervaring. De *guru* schenkt het en kent het hart van de toegewijde en de subtielere lagen van zijn *dharma* en *karma* (ofwel zijn aard vanuit zowel materieel als spiritueel perspectief).

Misschien kan men zeggen dat het een proces is waarbij de *guru* een fractie van God, een deel van de oneindige energie van de *guru* aan de toegewijde of leerling geeft, zodat hij dit kan koesteren zoals in een baarmoeder, erop kan mediteren en geleidelijk vervulling vinden.

Als Amma zegt dat ze een *sankalpa* zal maken, betekent dat ook dat ze handelt met volledige kennis van het ritme van de natuur, de kosmische orde. Een *sankalpa* van een *mahatma*, een volmaakte meester, een *Satguru*, die ons begrip te

boven gaat, manifesteert zich als een inspirerende
en krachtige ervaring.

Sta me toe een voorval te delen.

Dertig jaar geleden, in september 1986, vierden
we Amma's 33ste verjaardag met een kleine groep
renunciates en toegewijden in de oude tempel, die
bekend staat als de *kalari*. Amma was nog nooit
buiten India geweest, maar had onlangs een uit-
nodiging van een aantal toegewijden geaccepteerd
om de Verenigde Staten te bezoeken. Amma had
de organisatie van de buitenlandse programma's
toevertrouwd aan Kusuma (Gretchen McGregor).

Op de avond voor haar vertrek naar de VS
boog Kusuma voor Amma om zich te laten
zegenen. Amma omhelsde haar liefdevol en zei:
"Mijn dochter, vraag nergens om. Alles zal je
gegeven worden."

"Amma's woorden op de avond voor mijn
vertrek weerklonken in mijn oren toen ik door
de Verenigde Staten reisde om Amma's eerste
wereldtour voor te bereiden," herinnert Kusuma
zich.

Zes maanden later, op 23 maart 1987, maakten
Swami Paramatmananda (Neil Rosner) en ik ons
klaar voor ons vertrek naar de VS om ons bij

Kusuma te voegen en de weg voor te bereiden voor Amma's eerste wereldtour. Ik zou twee volle maanden niet in Amma's fysieke aanwezigheid zijn. Hoewel mijn plicht riep, voelde ik me verdrietig en ervoer een diepe pijn vanwege de scheiding. Toen ik afscheid nam en mij aan Amma's voeten wierp, hield ze me dicht bij zich en fluisterde vol mededogen in mijn oor: "Zoon, Amma is bij je. Amma's *sankalpa* is bij je."

We gingen op reis. Onze eerste stop was Singapore. Na een programma van twee dagen vlogen we naar San Francisco en landden daar op 26 maart. Vanaf het vliegveld reden we onmiddellijk naar het huis van Swami Paramatmananda's oudere broer, Earl Rosner, in Oakland.

Ik herinner me nog steeds zijn huis en de omgeving. Dat komt doordat mijn hart gekweld werd door pijn vanaf het moment dat ik Amma verliet en het vliegtuig in Kochi instapte. Tegen de tijd dat ik Oakland bereikte, was de pijn een diep verdriet geworden. Hoewel er pas een paar dagen voorbij waren, voelde ik in het huis van Earl de pijn door de scheiding van Amma intens.

Hoewel de winter langzaam tot een einde kwam, was het nog steeds erg koud. Vanaf zonsopgang, als de eerste zonnestralen de aarde streelden, tot aan de schemering kon je een bonte verzameling van liederen van allerlei vogels horen. De bomen die hun bladeren hadden laten vallen voor de winter, begonnen alweer jonge blaadjes te krijgen. Planten begonnen langzaam te bloeien. Er waren schitterende dauwdruppels op de blaadjes en bloemen te zien.

"Ik ben aan de andere kant van de wereld. Ik ben gescheiden van Amma door het verschil tussen dag en nacht," vertelde mijn hart mij vol pijn. Maar *svadharma*, het werk dat Amma mij had toevertrouwd, schudde me wakker: "Ik moet voorbereidingen treffen voor Amma's bezoek."

We hadden een tour van 40 dagen georganiseerd door de hele VS, voordat Amma's heilige voeten de Amerikaanse bodem zouden betreden. In veel plaatsen waren programma's gepland. Terwijl we vijf dagen in Oakland verbleven, hielden we programma's in de Bay Area van San Francisco. De rest van de tour zou vroeg in de ochtend op 1 april beginnen, eerst van Oakland naar Seattle en dan terug naar Oakland. Van daaruit zouden we naar Madison, Wisconsin gaan. Alles bij elkaar zouden we ongeveer 8000 kilometer afleggen.

We waren met zijn zevenen tijdens deze tour. We besloten onze bagage in de auto te laden op de avond voordat we op weg gingen. Jack Dawson, een toegewijde, had ons een busje voor de reis gegeven. Maar hij was er nog niet. Kusuma, die langs de kant van de weg wachtte, riep uiteindelijk: "Het busje is gekomen. Laten we gaan inladen." Pas toen zag ik het busje dat ons de hele reis zou moeten vervoeren. Ik stond perplex. Om eerlijk te zijn had ik een redelijk grote bus verwacht die in goede staat verkeerde. Dit was tenslotte Amerika. Maar wat ik voor het huis zag staan was een Dodge busje, dat leek op het oude standaardmodel bus uit India. Met andere woorden, het was een antiek ding.

Ik twijfelde. Was dit echt de bus? Ik keek naar Kusuma. Ze nam mijn onzekerheid weg, "Yep, dit is hem! We konden niets anders krijgen." Omdat de bus eruit zag alsof hij rijp was voor de sloop, flapte ik er bijna uit: "O God, moeten we het op onze tour echt met deze bus doen?"

Ik hield me onmiddellijk in. Nee! Had Amma ons immers niet verzekerd: "Zoon, Amma is bij je, Amma heeft een *sankalpa* gemaakt." Waarom dan deze twijfels en vragen? Dit was Amma's wil.

Achter me hoorde ik Swami Paratmananda zeggen; "Ja het is echt een oude bak. Maar maak je geen zorgen over hoe oud hij is of hoe hij eruit ziet. Amma's kracht zal hem laten lopen! Dus, kom op, we gaan inladen."

Het was mijn eerste buitenlandse tour, in een onbekende wereld met een totaal andere cultuur en andere gewoontes. Er waren maar een paar mensen om te helpen. Niettemin, Amma was toch bij ons? Haar *sankalpa* ging ons toch helpen? We gaven ons over met dat vertrouwen en begonnen aan onze reis.

De komende veertig dagen werd ons busje letterlijk ons toevluchtsoord, ons huis. Koken, eten, slapen, mediteren, reciteren, yogaoefeningen, alles werd er gedaan. Hij diende ons als een trouwe vriend.

"Deze bus kan het elk moment begeven. We kunnen stranden op een verlaten plek zonder enige hulp. We zullen onze programma's missen!" Dergelijke angsten overvielen ons vaak. Als zoiets zou gebeuren, hadden we geen plan B. Ons vertrouwen in Amma alleen was ons plan A, B en C. Zij was ons enige metgezel. We hadden veel tegenslagen en moeilijkheden. Altijd als we ons vertwijfeld afvroegen: "Wat nu?" dook er een vreemde op die ons hulp bood. Zo verscheen Amma onder vele namen en vormen en in vele omstandigheden.

We vervolgden onze reis over bergen en door woestijnen, door grote steden en kleine dorpen. We vertelden verhalen over Amma, deelden ervaringen, zongen *bhajans* en hielden *satsang-* en meditatieprogramma's. We leerden veel mensen kennen die wilden helpen met Amma's missie in de VS. We vertelden hun over het fenomeen Amma.

Als een gehoorzame dienaar van een onzichtbare mogendheid vervoerde ons rijdier 'overgrootvader Dodge' ons veertig dagen lang zonder te mokken of te zeuren. Geleidelijk kreeg ons leven in de bus een *ashram*-atmosfeer die vervuld was van Amma's aanwezigheid.

De reis zat er bijna op. We bereikten onze bestemming Madison. Vandaar zouden we de bus naar Chicago nemen. Daarna stond er nog een bezoek aan New York en Boston op de agenda. Amma zou op 18 mei in San Francisco aankomen. We moesten daarvoor op tijd terug zijn.

Op de dag dat we in Madison aankwamen, begaf onze 'gewaardeerde dienaar' Dodge het, alsof hij oprecht de opdracht die iemand had gegeven, had uitgevoerd. Hoe zeer we ook ons best deden, we kregen hem niet meer aan de praat. Swami Paramatmananda zei met samengevouwen handen: "Dit kan alleen maar de goddelijke *sankalpa* van Amma zijn." Het was inderdaad een openbaring. Tot onze verrassing kwamen we erachter dat Jack Dawson, die het busje voor onze reis had aangeboden, oorspronkelijk uit Madison kwam. Op de een of andere manier wist de Dodge dat hij thuis was.

Deze ervaring was een van de vele gebeurtenissen die mij de betekenis van een goddelijke *sankalpa* duidelijk maakte. Het werd ons duidelijk dat de oude wagen niet alleen een verzameling levenloos metaal met een motor was. Zo konden we hem niet langer zien. Voor ons leek het een levend wezen, dat de bevelen opvolgde van een onbekende en mysterieuze kracht. De verandering in onze waarneming bracht een grote verandering teweeg in onze houding ten opzichte van het voertuig. Voordat we Madison verlieten, deden we *arati*, offerden bloemen, wierpen ons ter aarde en namen afscheid van die goede vriend, die de zichtbare manifestatie van Amma's *sankalpa* was en totaal versleten was door het vervullen van zijn taak.

De vaalgele Dodge-bus was voor ieder van ons op zijn eigen manier een belangrijke les en de volmaakte metafoor van overgave. We hadden niet de middelen om een tour vooraf te maken en ook geen voertuig om mee te reizen. Dus toen Jack Dawson zijn busje aanbood, wisten we dat Amma ons ongevraagd van vervoer voorzag, hoewel we het busje aanvankelijk als rijp voor de sloop beschouwden. Ja, hij was oud en had meer dan 160.000 kilometer gereden, maar hij voerde zijn taak zeer toegewijd en onzelfzuchtig uit. We begonnen het als een majestueuze bus te zien die uit het niets was opgedoken, een volmaakt voorbeeld van hoe een goddelijke *sankalpa* wonderen kan verrichten.

Terwijl we duizenden kilometers aflegden in de eerste veertig dagen van onze voorbereidingstour (van Oakland naar Mt. Shasta, Miranda, Seattle, Santa Fe, Taos, Boulder, Chicago en Madison) hadden wij (Swami Paramatmananda, Kusuma en ik) geen idee van de omvang van de missie die

Amma ons wilde laten vervullen en van wat er zich in de toekomst nog zou ontwikkelen. We wisten alleen dat we Amma's aanstaande komst bekend moesten maken. We waren blij, enthousiast, geïnspireerd en ook uiterst nauwgezet met onze *sadhana*.

Goddelijke incarnaties handelen met welomschreven doelen. Hun geest is zo uitgestrekt als het universum en zo helder als de lucht. Ze hebben geen twijfels of verwarring. Om hun doelen te verwezenlijken kunnen ze zelfs aan levenloze objecten een gevoel of gewaarwording geven (wat iets anders is dan een waarneming of gedachte). Als dat besluit en die zegening bij ons zijn, is er niets in alle werelden wat we niet kunnen. Die enorme kracht, die tevoorschijn kwam uit de pilaar om Prahlada te redden[1], kan op elke plek

---

[1.] Een trouwe toegewijde van Heer Vishnu. Hoewel hij voortdurend door zijn demonische vader Hiranyakashipu werd belaagd, redde Prahlada's onwankelbare geloof in de alomtegenwoordigheid van de Heer hem van alle beproevingen en rampen. Op een keer beantwoordde Prahladada rustig en bevestigend de sarcastische vraag van zijn vader: "Woont jouw Heer soms ook in deze pilaar?" Hij daagde zijn vader uit om met zijn zwaard op de pilaar te slaan. Uit de pilaar kwam Narasimha tevoorschijn,

en in elke vorm verschijnen voor de toegewijde die zich totaal heeft overgegeven, omdat die kracht niet door ruimte of tijd wordt beperkt. Ook is er geen speciaal medium nodig om zich te manifesteren. Als er een goddelijk besluit achter zit, zullen zelfs dieren vedische mantra's reciteren.

Het leven van de heilige Jnanadeva van Alandi, uit het district Puna in Maharashtra is hier een voorbeeld van. Hoewel Jnanadeva was geboren in een brahmanenfamilie, werd hem en zijn broers en zussen de sociale status van brahmanen ontzegd omdat zijn vader zijn leven van ascese opgaf, trouwde en een gezin stichtte. Zijn vier kinderen mochten daarom niet de Veda's of andere geschriften bestuderen. De autoriteiten weigerden hun sociale status te herstellen. Jnanadeva zei dat hun kennis niets voorstelde, dat hij zelfs een stier de Veda's kon laten reciteren. Toen beval hij een stier die in de buurt stond de Veda's te reciteren en tot ieders verbazing begon de stier de Veda's te reciteren. Er is nog een verhaal waarbij hij een muur instrueerde om op te schuiven en de muur

---

de halfmens, halfleeuw incarnatie van Heer Vishnu, die Hiranyakashipu doodde.

gehoorzaamde aan de opdracht van de meester en verplaatste zich.

Dit zijn enkele verbazingwekkende verhalen van wijzen uit het verleden. Maar hier en nu, op dit moment, kunnen we met eigen ogen op elk moment in Amma's heilige aanwezigheid de uitvoering van de oneindige kracht en grandeur van Gods wil zien en ervaren.

2 | DE BELICHAMING VAN VEDANTA

Als mensen Amma's *darshan* hebben gehad, vertellen ze me: "Toen ik bij Amma kwam, werd mijn geest leeg. Alle vragen verdwenen. Ik kon niets zeggen van wat ik had willen zeggen." Er zijn ook mensen die zeggen: "Toen Amma me vasthield, begon ik te huilen. Ik kon geen woord uitbrengen. Ik vraag me af of Amma mijn problemen heeft begrepen." Er zijn anderen die zeggen: "Ik voelde me zo vredig en gelukkig in Amma's aanwezigheid dat ik helemaal opging in het moment. Ik heb nooit zulke liefde ervaren." Dan zijn er de mensen die zich volledig openstellen in Amma's aanwezigheid. Zij vertrouwen haar al hun zorgen, angsten, boosheid en andere negativiteit toe waarna ze zich opgelucht en ontspannen voelen.

Over de hele wereld komen er mensen voor Amma's *darshan*. Ze hebben waarschijnlijk een van deze ervaringen. Hoe komt het dat we huilen of stil worden bij Amma? Waarom voelen we ons zo gelukkig en vredig in haar aanwezigheid? Wat inspireert ons om al onze emoties te delen als we bij Amma zijn? Het antwoordt luidt: Amma's zuivere onverdeelde liefde.

Amma's omhelzing is de aanraking door onbegrensde liefde. Het contact met die zuiverheid opent wat al in ons aanwezig is. Het is hetzelfde principe als het magnetiseren van een ijzeren staaf. Als we met een magneet over een ijzeren staaf wrijven, zal de staaf snel magnetisch worden. Evenzo brengt de aanwezigheid van onbeperkte liefde de sluimerende liefde in ons weer tot leven. Dit is misschien maar een glimp van de enorme uitgestrektheid van liefde, maar als we die eenmaal geproefd hebben, zal het verlangen opkomen om het steeds vaker te ervaren en dit verlangen zal geleidelijk sterker worden.

Verslaggevers vragen Amma: "Denkt u dat alleen een omhelzing mensen kan veranderen?" Zij antwoordt dan: "Dit is niet alleen een fysieke omhelzing. Het is een echte ontmoeting, een ontmoeting van het hart. Ik stroom naar hen en zij stromen naar mij."

Journalisten vragen ook: "U omhelst mensen uren achter elkaar. Door wie wordt u omhelsd?" Hierop antwoordt ze: "De hele schepping omhelst mij. We zijn in een eeuwige omhelzing. Het contact met de volmaaktheid van deze zuivere liefdesenergie brengt de transformatie teweeg."

Amma's zuivere en onbaatzuchtige liefde laat een opvallend contrast zien tussen echte liefde en de liefde die we in de wereld zien. Dit contrast kan gebruikt worden als een effectief middel om boven de lagere liefdesgevoelens uit te stijgen. Op het gebied van leven en liefde helpt Amma's liefde ons onderscheid te maken tussen kwaliteit en kwantiteit.

We leven niet in de wereld zoals we echt zijn, maar als een persoonlijkheid die we ontlenen aan onze naam, macht, positie, opleiding enzovoorts. Anderen kennen ons ook door ons te identificeren als politieman, ambtenaar, politicus, kunstenaar of bedrijfsleider. Zo leven we ons hele leven als iemand anders. De vraag is of ik de rollen ben waarmee ik me identificeer en die de maatschappij mij heeft toebedeeld, of heb ik een andere identiteit? Wie ben ik?

Of we het nu accepteren of niet, spiritueel gezien zitten mensen in een identiteitscrisis. We verbergen dit achter alles wat we in ons leven verwerven. Uiteindelijk verliezen we het overzicht en identificeren we ons met alles wat we hebben verkregen. We blijven in dat omhulsel zitten en beschouwen dat als onze echte verblijfplaats. Dit masker maakt zo'n onlosmakelijk deel van ons leven uit. We hebben dit masker zo lang gedragen dat we het nu verwarren met ons echte gezicht, terwijl ons ware gezicht erachter verborgen blijft.

Toen Sri Shankara, de vertegenwoordiger van de *Advaita* filosofie, zijn *guru* Govinda Bhagavat-pada ontmoette, vroeg de *guru* aan Shankara: "Wie bent u?"

Shankara reageerde onmiddellijk op de vraag met een Sanskriet vers, dat hij spontaan componeerde en dat later bekend werd onder de naam *Atma Shatkam* of *Nirvana Shatkam*:

> *manō buddhyahankāra cittāni nāham*
> *na ca śrotrajihvē na ca ghrāṇa nētrē*
> *na ca vyōma bhūmir na tējō na vāyuḥ*
> *cidānanda rūpaḥ śivō'ham śivō'ham*

> Ik ben niet de geest, noch het intellect, noch het ego, noch het geheugen. Ik ben niet het vermogen om te horen, noch dat om te voelen, te ruiken of te zien. Ik ben niet de ruimte, noch de aarde, noch het vuur of de wind. Ik ben het altijd zuivere,

gelukzalige bewustzijn, ik ben Shiva, ik
ben Shiva, het altijd zuivere gelukzalige
bewustzijn.

Ik herinner me een gebeurtenis uit de vroege
jaren 80. Er was een man in het dorp die Amma
serieus beledigde en bekritiseerde. Op een dag
kwam Amma terug naar de *ashram* nadat ze bij
iemand thuis op bezoek was geweest. Ze zag deze
man bij de aanlegplaats op de boot wachten om
de backwaters over te steken. Toen wij van boord
gingen en hij in wilde stappen, was het duidelijk
dat hij een ernstige ontsteking aan beide armen
had, omdat die vol pus en bloed zaten. Zonder
enige aarzeling ging Amma naar hem toe en
informeerde liefdevol naar de wonden, streelde
zijn armen en kuste ze zelfs terwijl ze hem het
beste wenste en afscheid van hem nam. Tranen
welden op in de ogen van de man en hij raakte
overmand door emoties.

We hoeven niet tot de begindagen terug te
gaan om een voorbeeld te vinden van de staat
waarin Amma zich bevindt. Loop gewoon een van
de plaatsen binnen waar Amma *darshan* geeft en
kijk een paar minuten naar haar.

Tijdens de Europese tour in 2018 brak Amma haar rechter kleine teen. Dr. Priya die de arts tijdens de tour was, maakte er veel ophef over en probeerde op veel manieren om Amma's teen te spalken. Terwijl ze een van de vele apparaten probeerde, trok Amma haar voet weg en zei Dr. Priya dat ze geen spalk wilde.

Priya probeerde haar over te halen: "Amma, u zult veel pijn krijgen, echt waar." Amma keek boos naar haar en zei met een sarcastische blik: "Pijn? Ik beslis wanneer ik pijn ervaar. Jij kunt me niet vertellen wanneer ik wel of geen pijn voel." Dit waren niet slechts woorden. Amma gaf elke dag meer dan 16 uur lang *darshan* met een gebroken teen! Medisch gezien is dat onverklaarbaar. Dit zijn maar enkele van de talloze gebeurtenissen waarbij Amma duidelijk laat zien dat haar geluk niet afhangt van haar externe omgeving of zelfs van het lichaam.

De meeste verhalen van grote spirituele meesters of mensen die de samenleving onbaatzuchtig gediend hebben, die echt een verschil hebben gecreëerd en mensen over de hele wereld hebben beïnvloed, gaan ongeveer als volgt:

"Er was eens een jongen in Vrindavan die Krishna heette met een prachtige blauwe huidskleur. Maar…"

"Er was eens een jonge prins die Rama heette en die tot koning zou worden gekroond. Maar…"

"Er was eens een jonge prins die Siddhartha heette en die later Boeddha werd. Maar…"

"Er was eens een jonge wijze die Jezus van Nazareth heette, de zoon van Maria en Jozef. Maar…"

"Er was eens een jong meisje, dat Sudhamani heette. Ze was zeer meedogend en had een intens verlangen om God te realiseren. Maar…"

Wat hebben al deze verhalen, en trouwens ook alle andere verhalen, gemeen? In het begin verloopt het leven harmonieus, maar we weten allemaal wat er gaat komen. Wat er gaat komen is het woord 'maar'. Het woord 'maar' ligt altijd op de loer. In elk verhaal komt het naar voren. Eigenlijk maakt dat het verhaal interessant. Het is het conflict. Zonder 'maar', is er geen verhaal.

Amma's leven zit vol 'maren'. Maar voor Amma zijn de 'maren' helemaal geen 'maren'. Het zijn eenvoudig gebeurtenissen. Ze veroorzaken geen enkel obstakel in haar leven of in de verandering die ze in de wereld teweeg probeert te brengen.

Een van de kenmerken van een volmaakte *guru* is dat hij geen angst kent. Zolang je je identificeert met je prestaties in de wereld, als een zuiver fysiek wezen en je je ware identiteit vergeet, zal er angst zijn. We worden voortdurend achtervolgd door allerlei angsten. We bestaan uit angst. Zelfs onze liefde bevindt zich in de greep van angst. Om aan deze angst te ontsnappen, moeten we aan een andere reis beginnen, de reis vanaf het lichaam naar de ziel. Als die reis met succes wordt voltooid, zal dat tot totale onbevreesdheid leiden. Zelfs angst voor de dood verdwijnt.

Er is een schitterend vers van Lalleshwari, een heilige en dichteres uit de veertiende eeuw uit Kashmir. Daarin wordt de houding ten opzichte van de dood beschreven van iemand die werkelijk spiritueel gerealiseerd is.

> O Oneindig Bewustzijn,
> vol van levenskracht,
> U leeft in mijn lichaam,
> en ik aanbid alleen U.
> Ik geef er niet om
> als ik sterf, geboren word,

of overga naar een andere wereld.

Deze dingen zijn nu zo onbeduidend.

De heiligen en wijzen zeggen ons dat de hemel niet iets is wat je na de dood graag wilt bereiken. De hemel is geen luxe vakantieoord aan het strand ergens daarboven, waar gemak en plezier continu beschikbaar zijn, de hele dag door, zeven dagen in de week, 365 dagen per jaar. Het is geen concept, maar juist een werkelijkheid die hier ervaren kan worden terwijl we in deze wereld leven. Het is een voortdurende staat van gelijkmoedigheid en evenwicht die elk spoor van angst vernietigt. Wanneer je gevestigd bent in die hoge staat van bewustzijn, zul je altijd in volmaakte vrede en gelukzaligheid verblijven. Zelfs bij de dood van het lichaam ervaar je gelukzaligheid. Zoals elke andere gebeurtenis wordt de dood ook een gebeurtenis. Je kunt dit met volle overtuiging vieren.

Een *mahatma* werd eens gevraagd: "Heiligheid, bent u er zeker van dat u naar de hemel gaat als u sterft?"

De *mahatma* antwoordde: "Ja, natuurlijk."

"Maar hoe weet u dat?" vroeg de man. "U bent niet gestorven en u weet ook niet wat God van plan is."

De *mahatma* antwoordde: "Kijk, het is waar dat ik geen idee heb wat er in Gods geest omgaat, maar ik ken mijn eigen geest. Ik ben altijd vol vrede en gelukzaligheid, waar ik ook ben, zelfs als ik in de hel ben."

Ik twijfel er niet aan dat Amma absoluut geen angst kent. Ik heb haar nooit bang gezien. Nooit. Doordat ze volledig gevestigd is in die onderliggende en onveranderlijke basis van alles, is er zelfs geen spoor van angst.

In 2002 stond er een programma in Gujarat op Amma's agenda in de tijd dat er veel rellen waren. Alle regeringsambtenaren en ook de toegewijden smeekten Amma om niet te gaan. Maar Amma zei kalm: "Zij die bang zijn om te sterven hoeven niet mee te gaan. Ik ga."

Ik herinner me een andere gebeurtenis waarbij Amma dezelfde onbevreesdheid liet zien. Tijdens de tsunami in de Indische Oceaan in 2004 rende Amma meteen het water in. Een volgende golf kon ieder moment komen, maar Amma was totaal niet bezorgd over zichzelf. Ze was alleen bezorgd over haar kinderen.

Amma heeft niet alleen *jnana* (echte kennis), ze is een *Jnananishtha* (iemand die volledig gevestigd is in kennis). Ze is degene naar wie Krishna in de Gita verwijst als *sthitaprajna* (iemand die in de verheven staat van zuiver bewustzijn verblijft). En dat is de bron van haar onbevreesdheid. Zij is niet gericht op veranderende verschijnselen maar op de onveranderlijke basis. En dat maakt haar onoverwinnelijk.

Amma belichaamt de volgende twee verzen uit de *Bhagavad Gita*:

> *nainam chindanti śastrāṇi nainam dahati pāvakaḥ*
> *na cainam klēdayantyāpo na śoṣayati mārutaḥ*
> *acchēdyō'yam adāhyo'yam aklēdyō'śoṣya eva ca*
> *nityaḥ sarva-gataḥ sthāṇur acalō'yam sanātanaḥ*

Wapens kunnen de ziel niet verscheuren, noch kan vuur hem verbranden. Water kan hem niet nat maken, noch kan de wind

> hem drogen. De ziel is onbreekbaar en
> onbrandbaar; hij kan niet verdampen, noch
> kan hij gedroogd worden. Hij is eeuwig, op
> alle plaatsen, onveranderlijk, constant en de
> oorsprong van alles. (23-24)

Zoals jullie weten komen er tienduizenden mensen naar Amma's programma's. Iedereen wordt toegelaten. Niemand wordt afgewezen. En ik zal eerlijk zijn, soms komen er mensen die geestelijk instabiel zijn, of zelfs krankzinnig, naar Amma's *darshan*. Als er 10.000 mensen komen, dan zijn er misschien 10 of zo die enigszins uit evenwicht zijn. En sommige van deze mensen…laten we zeggen dat als je ze op straat tegen zou komen, je zeker over zou steken. Sommigen van deze mensen komen alleen, anderen worden door hun familie meegenomen. Sommigen zijn zo gestoord dat ze schreeuwen en met hun armen zwaaien. In India moeten de toegewijden en leerlingen die assisteren bij Amma's *darshan*, de armen van die mensen soms stevig vasthouden zodat ze Amma niet slaan als ze hen zegent. Hun waanzin is zo heftig dat het lijkt of ze bezeten zijn door demonen. En ik geef toe, de toegewijden en leerlingen die helpen bij Amma's *darshan* worden regelmatig zenuwachtig omdat deze mensen tot alles in staat zijn. Zij hebben zichzelf niet onder controle. Ze kunnen je bijten, slaan of zelfs proberen te wurgen.

Maar ik durf er mijn leven onder te verwedden dat je, als je Amma's hartslag tijdens dergelijke incidenten zou meten, zou ontdekken dat deze geen slag per minuut omhoog gaat. Dat is *jnananishta*. Ze weet als geen ander dat alleen het lichaam kan worden beschadigd en dat ze niet het lichaam maar het Zelf is.

Misschien heb je het verhaal gehoord van de legendarische koning Theseus. Vermoedelijk heeft koning Theseus de stad Athene gesticht, de hoofdstad van Griekenland. Blijkbaar heeft de koning vele veldslagen geleverd. Daarom hebben de inwoners van Athene een gedenkteken aan hem gewijd waar ze zijn schip bewaarden. Men gelooft dat het schip daar honderden jaren heeft gestaan, maar naarmate de jaren verstreken, begonnen een paar planken te verrotten. Om het schip er goed uit te laten zien werden de aangetaste planken vervangen door nieuwe planken van hetzelfde hout.

De vraag is, zal het schip hetzelfde zijn als mensen in iedere generatie elke rotte plank vernieuwen? Veronderstel dat er 1000 planken waren en dat er 999 werden vervangen. Is die ene plank, die nog vervangen moet worden, genoeg om het originele schip te behouden? Dit is een eeuwigdurende filosofische kwestie, die bekend staat als het 'identiteitsprobleem'.

Hoewel de wetenschappelijke wereld nog steeds debatteert over het precieze aantal cellen in het menselijk lichaam, bevat een gemiddeld menselijk lichaam ruwweg 30 tot 40 biljoen cellen. Het blijft nog steeds een mysterie om precies te zijn.

Onze *rishi's*[2] voorzagen deze subtiele veranderingen duizenden jaren geleden al. Ze identificeerden dit altijd veranderende principe van het universum, niet alleen van het menselijk lichaam, maar van alle uiterlijke verschijningsvormen. Ze realiseerden ook het ultieme principe, de waarheid die onveranderlijk blijft.

Volgens medische onderzoekers van Stanford en andere gerenommeerde universiteiten van de wereld wordt het lichaam, behalve bepaalde cellen die nooit vervangen worden, iedere 7 tot 10 jaar

---

[2.] Zieners, spiritueel verlichte individuen die intuïtief de heilige mantra's waarnamen die de vedische wijsheid vormen

vernieuwd met een grotendeels nieuwe set cellen. Een paar van de belangrijkste onderdelen worden zelfs sneller vernieuwd. Kun je je dat voorstellen?

Als al het levende en niet-levende een voortdurende verandering ondergaat, wat is dit fysieke lichaam dan? Ik heb het nu over de lichamen van alle levende wezens. Als verandering de waarheid is, hoe blijven we dan hetzelfde? Objectief gezien is er geen juist antwoord, omdat in een tijdsbestek van zeven jaar vrijwel iedere cel van ons lichaam afsterft en nieuwe worden aangemaakt. Dus, eenvoudig gezegd, als we ouder worden, zijn jij en ik niet meer dezelfde persoon. Wat is dan onze ware identiteit?

Duizenden jaren voor het verhaal van Theseus, gaven de wijzen van India ons een techniek die bekend staat als *'neti neti'*, wat de methode van ontkenning betekent. De ultieme waarheid, *Brahman*, is geen object. Het is het enige en echte subject. Het is niet datgene wat gezien wordt (het object) en ook niet het proces van het zien. Het is de ziener, het subject (het ik in jou). Je bent geen naam en verschillende veranderingen die daaraan worden toegeschreven. Jij bent de waarheid.

De Brihadaranyaka Upanishad zegt:

nēti nēti, na hyētasmāditi
nētyanyatparamasti;
atha nāmadheyam — satyasya satyamiti;
prāṇā vai satyam, teṣāmēṣa satyam
iti tṛtīyam brāhmaṇam ||

Dus daarom luidt de beschrijving (van Brahman): 'niet dit, niet dit.' Omdat er geen beschrijving toepasselijker is dan: 'niet dit.' Zijn naam luidt dus: 'De Waarheid van de waarheid.' De levenskracht is waarheid en daarvan is Het de Waarheid. (2.3.6)

Als we Amma's leven nauwkeurig waarnemen, zullen we zien dat ze zuivere Vedanta in actie is. Niets is onbeduidend of bijkomstig voor haar. Zelfs de zogenaamd onbelangrijke dingen hebben betekenis, hebben een plek in het leven, omdat voor Amma alles de 'essentie' is. "Niets is onbeduidend of onbelangrijk in het leven," zegt Amma.

Er zijn grote en kleine bomen. We hebben grote lotusbloemen en kleine bermbloempjes. Sommige bloemen hebben een zoete geur en andere hebben een onaangename geur. De majestueuze pauw met zijn breed uitwaaierende staart en de zwarte kraai wonen hier samen. Terwijl de koekoek melodieus zingt, kwettert het kleine musje op zijn eigen wijze. De aanwezigheid van zelfs een klein schepseltje is ook belangrijk. Als dit niet het geval was, zouden de wereld en de schepping niet volledig zijn. We moeten niet vergelijken. Waardeer alles.

Daarom negeert Amma de grieven en zwakheden van gewone mensen niet door ze onecht of denkbeeldig te noemen. Haar manier is om het niveau van volwassenheid van een individu te begrijpen, met zeer veel empathie te luisteren, praktisch advies te geven, alles te geven en te doen wat ze kan om ze gelukkig en vredig te maken en hen geleidelijk te helpen spirituele principes te begrijpen. Amma is de belichaming van Vedanta in de ruimste zin van het woord.

Visualiseer het volgende: je staat aan de kant van de weg en bekijkt alle voertuigen die langskomen: de bussen, de vrachtwagens, de auto's van verschillende merken en modellen, limousines, ambulances, misschien zelfs een lijkwagen. Je staat daar een tijdje en neemt al die verschillende voertuigen in je op. Dan richt je je aandacht op de weg. De weg is permanent. De weg is blijvend. De weg is de ondergrond waarop al die fenomenen voortdurend veranderen. Zelfs in het zwaarste verkeer, zelfs in het zogenaamde bumper-aan-bumper-verkeer, zal er enige ruimte zijn, een opening waardoor we de ondergrond kunnen zien. Als we vrij van angst willen worden, is dat het enige wat we hoeven te doen. We moeten onze aandacht verplaatsen van het veranderende naar het onveranderlijke, van de objecten naar de ondergrond (het substraat). Dit doet Amma. Langzaamaan helpt ze ons onze aandacht te verleggen van de objecten naar de ondergrond.

3 | OPROEP EN ANTWOORD

Bijna iedereen kent het verhaal van Sabari uit de *Ramayana*. Zij was een tribale vrouw en de dochter van een jager. Sabari was gewend om de wijze Matanga, die ze als haar guru beschouwde, vers geplukte vruchten uit het bos op te dienen. Blij met haar devotie en onbaatzuchtigheid zei de wijze tegen Sabari, vlak voor hij zijn lichaam verliet, dat Heer Rama op een dag de *ashram* zou bezoeken en haar zou zegenen.

Sabari nam de woorden van de wijze ter harte. Vanaf die dag wachtte Sabari met het volste vertrouwen op de komst van de Heer. Vol verwachting veegde ze iedere dag een paar kilometer van het pad. Ze liep door het bos en haalde doornen, stenen en hangende klimplanten weg omdat ze dacht dat de planten in Rama's ongekamde haar vast zouden gaan zitten. Ze maakte aardkluiten kapot omdat ze niet wilde dat Rama's tere voeten daardoor pijn zouden gaan doen. Ze verzamelde ook verse vruchten voor de Heer. Sabari had geen idee hoe Rama eruit zag, maar onwankelbaar was haar geloof, absoluut was haar devotie en onberispelijk haar liefde voor de Heer. Dertien lange jaren gingen zo voorbij. Sabari wachtte op de Heer, dag in dag uit. Op een dag kwam Rama langs met zijn broer Lakshmana. Zodra Sabari Rama zag, wist ze dat het haar Heer was, ook al wist ze niet hoe Rama eruit zag. De zuivere gelukzaligheid die ze voelde toen ze Rama zag, was genoeg om de Heer te herkennen.

Sabari waste de voeten van de Heer en bood hem vruchten aan. Omdat ze de allerzoetste vruchten aan Rama wilde geven, nam ze eerst zelf een hapje en proefde iedere vrucht voordat ze die aan de Heer gaf. Sabari wilde er ook zeker van zijn dat de vruchten die ze aan Rama gaf, niet giftig waren. De Heer zei: "Moeder, net als uw hart, zijn deze vruchten ook erg zoet, de zoetste die ik ooit heb gehad."

In de *Bhagavad Gita*[3] zegt Heer Krishna:

patram puṣpam phalam tōyam yō mē bhaktyā prayacchati
tadaham bhaktyupahṛtam aśnāmi prayatātmanaḥ

Wie Mij met toewijding een blad, een bloem, een vrucht of water aanbiedt, ik aanvaard dat als de vrome offergave van de zuiveren van hart (9.26)

De *Ramayana* zegt dat Rama alleen Sabari bezocht, hoewel er meer heiligen waren die Hem in hun *ashram* hadden uitgenodigd. Dit was uitsluitend te danken aan haar onbaatzuchtige en zuivere devotie voor de Heer. Volgens de

---

[3.] 'Lied van de Heer.' Het bevat het onderricht dat Heer Krishna aan het begin van de Mahabharata-oorlog aan Arjuna gaf. Het is een praktische leidraad als wij in ons leven met een crisis te maken krijgen en vormt de essentie van de vedische wijsheid.

Ramayana vroeg Sabari zelf aan Heer Rama: "Er waren veel spiritueel gerealiseerde yogi's die op Uw *darshan* wachtten, maar U kwam naar de hut van deze onwaardige toegewijde. O Heer, voor U is alleen zuivere toewijding belangrijk en niet kennis, kaste, geloof of kleur."

Rama was ongelooflijk blij met Sabari's liefde en toewijding. Voordat Hij vertrok zei Hij tegen Sabari: "Vraag wat je wil en ik zal je wens vervullen."

Sabari zei: "Heer, wat heb ik nog nodig nu ik Uw darshan heb gehad? Ik heb geen wensen meer. Waar moet ik nu nog voor leven? Ik leefde slechts om U te zien. Mijn Heer, nu is mijn enige wens om in U op te gaan." Sabari bereikte onmiddellijk bevrijding en verliet spoedig daarna haar lichaam.

Sabari kwam uit een lage kaste, was analfabeet en kende de geschriften niet. Toch bracht haar onwankelbare vertrouwen in de woorden van de guru, haar vastberadenheid en onschuldige toewijding haar naar het hoogtepunt van het menselijk bestaan.

Een citaat uit de *Bhakti Sutra's* van de wijze Narada luidt:

nāsti tēṣu jāti-vidyā-rūpa-kula-dhana-
kriyādi-bhedaḥ

Er bestaat onder hen geen onderscheid naar
kaste, opleiding, schoonheid, afkomst,
rijkdom, godsdienstige gebruiken en
dergelijke. (72)

Ik herinner me Amma's woorden: "In tegenstelling
tot andere paden geniet je bij het pad van devotie
vanaf het begin van de vruchten. Dat komt doordat andere paden bepaalde regels en voorschriften
hebben die de beoefenaar strikt moet volgen.
Sommige paden vereisen een bepaalde mate van
logisch denken en analyseren. Pas als je je aan die
richtlijnen houdt, zul je resultaat behalen. Maar
het pad van devotie kent dergelijke regels niet.
Het enige vereiste dat nodig is, is liefde en dat
is natuurlijk voor iedereen. Heb God lief met je
hele hart, punt. Heb je wel eens jackfruitboom
gezien? Anders dan gewone fruitbomen draagt
een jackfruitboom zelfs onder aan de boom
vruchten. Het pad van devotie is ook zo. Je zult
direct resultaten ervaren."

Als we wat verder in Sabari's verhaal uit de
Ramayana duiken, zullen we drie belangrijke

eigenschappen van Sabari ontdekken: zuivere liefde, *prema*, voortdurende hoop, *pratiksha*, en eindeloos geduld, *kshama*. Met andere woorden, we hebben liefde nodig samen met hoop en geduld om een echte toegewijde van de Heer te zijn.

Sabari wachtte met smart dertien lange jaren en tegen de tijd dat de Heer verscheen, was ze oud en zwak. Toch gaf ze nooit op en zwakte haar liefde, geloof, hoop en geduld nooit af.

Echte toegewijden zullen met niets anders tevreden zijn dan het zien van hun Heer in de hele schepping.

De Isavasya Upanishad says:

> *hiraṇmayena pātreṇa*
> *satyasyāpihitam mukham*
> *tat tvam pūṣann apāvṛṇu*
> *satya-dharmāya dṛṣṭaye*

De zoeker naar de waarheid smeekt: "O Zon (Waarheid), verwijder alstublieft de gouden sluier die Uw gezicht verbergt. Sta Uw toegewijde toe om Uw gezicht te zien dat erachter schuil gaat." (15)

Wat is deze gouden sluier? Het is alles wat we krijgen of proberen te krijgen in de materiële wereld: macht, beroemdheid, rijkdom enzovoorts. De zoeker naar waarheid zegt: "Ik ben in geen van die dingen geïnteresseerd. Mijn enige gebed is om de werkelijkheid achter de sluier te zien."

Als mensen iemand zien die het goed heeft in de wereld, geloven ze gewoonlijk dat God genadig voor hen is, maar dit is niet zo in de ogen van een echte spirituele aspirant, een toegewijde die in volledige overgave leeft. De toegewijde beschouwt rijkdom en werelds succes niet als Gods zegen, maar juist als een belemmering op zijn pad. Daarom zegt de *rishi*: "Wees alstublieft niet vriendelijk voor mij door mij met materiële voorspoed te overladen. Dat is niet de gunst die ik van U wil hebben. Ik verlang niet naar deze zogenaamde rijkdom. Onthul Uw realiteit. Alleen dat zal me gelukkig maken."

Het vers kan ook betekenen: "Ik ben niet geïnteresseerd in het voeden van lichaam en geest, de verpakking, het omhulsel. Verwijder al mijn gehechtheid, zodat ik mijn ware aard, het innerlijke Zelf, kan ervaren."

De zonnestralen zijn zo krachtig, zo immens schitterend, dat het uiterst moeilijk voor ons is om er direct naar te kijken. De stralen van de zon gedragen zich als een scherm, een sluier die ons belemmert de zon te zien. Op dezelfde manier zijn we niet in staat om de Waarheid te zien door zijn schittering. Daarom luidt het gebed: "Help me daaraan voorbij te gaan, zodat ik een directe ervaring van U kan krijgen."

Wat gewone mensen als rijkdom beschouwen, heeft geen betekenis voor een echte toegewijde. Amma vertelt ons een prachtig verhaal over een dief die in de huizen van de *gopi's* (melkmeisjes) in Vrindavan inbrak. Hij dacht dat hij al hun waardevolle spullen had gestolen, omdat ze allemaal in verfijnde en dure doeken waren verpakt.

Zodra de dief echter de kostbare buit, die zorgvuldig was verpakt in lagen stof, begon uit te pakken, was hij diep teleurgesteld door wat hij aantrof. In elke bundel vond hij alleen maar een gescheurd stuk gele zijde, een oude versleten pauwenveer, een gedroogd snippertje sandelhoutpasta, een gedroogde *tulasi*krans, een half potje *kumkum* (saffraanpoeder), een belletje van een enkelring, een stukje van een armband, een kleine schelp, een stukje van een gebroken kleipot enzovoorts, allemaal waardeloze dingen.

De dief was gefrustreerd en verbaasd. Waarom hadden deze *gopi's* in godsnaam dergelijke waardeloze dingen bewaard en zo veilig in hun opbergplaats verstopt? Wat maakte deze dingen zo waardevol voor hen? De dief werd overmand door nieuwsgierigheid om de waarheid te achterhalen. Met het risico gestraft te worden wegens diefstal nam hij alle voorwerpen mee en ging terug naar Vrindavan.

Toen hij alles wat hij gestolen had teruggaf, waren de *gopi's* in opperste gelukzaligheid. Niet in staat hun vreugde te verbergen, sprongen en dansten ze alsof ze plotseling de hele wereld bezaten. Dat niet alleen, ze deden al hun gouden sieraden af en gaven deze aan de dief als teken van dankbaarheid voor het teruggeven van de 'waardeloze dingen'. De dief was verbijsterd. Hij kon niet bevatten wat er aan de hand was.

Toen de opwinding enigszins bedaarde, vroeg hij de *gopi's*: "Kunnen jullie me vertellen waarom deze onbelangrijke dingen zo waardevol voor jullie zijn?"

De *gopi's* legden uit: "Onze allerliefste Krishna gebruikte deze spullen lang geleden toen hij bij ons hier in Vrindavan was. Deze pauwenveer is door hem gedragen. Deze potscherf komt van een pot die hij brak om boter uit een huis van een *gopi* te stelen. Dit gele zijden stuk stof droeg hij op de dag dat hij boter uit mijn huis stal. Ik probeerde hem te pakken, maar dat kleine stuk zijde was alles wat ik vast kon pakken. Telkens als we naar deze voorwerpen kijken, schenkt ons dat de overweldigende vreugde uit de tijd die we met Krishna hebben doorgebracht. Deze kostbare herinneringen brengen wat vreugde in ons leven dat vol verdriet is doordat we gescheiden zijn van onze geliefde Krishna."

De dief kon zijn tranen niet bedwingen toen hij de zuivere onschuldige liefde van de *gopi's* zag. Zijn hart smolt. Hij gaf hun alle gouden sieraden terug die zij zo gul hadden gegeven. Een leven als dief was niet langer aantrekkelijk voor hem. Hij kreeg het intense verlangen om Krishna te zien. Hij hoorde van de *gopi's* dat Krishna in Mathura was. De dief ging ogenblikkelijk naar Mathura. Daar zag hij de betoverende vorm van Krishna voor het eerst. Met tranen van gelukzaligheid biggelend over zijn wangen wierp de dief zich aan Krishna's heilige voeten.

Met een ondeugende glimlach keek de alwetende Heer naar de dief en zei: "Eén dief is genoeg voor Vrindavan!" De dief was echter volkomen geabsorbeerd in Krishna's goddelijke schoonheid.

De wijze Narada vertelt in zijn aforismen over devotie over de glorie van een echte toegewijde:

> *kantha-avarodha-romañca-aśrubhiḥ*
> *parasparam lapa-mānāḥ pāvayanti kulāni*
> *pṛthivīm ca.*

> Zulke toegewijden die met haperende stem met elkaar spreken, met hun haar rechtovereind en met tranen die over hun wangen stromen, zuiveren zowel hun familie als de aarde. (68)

De band tussen de Heer en zijn toegewijde, de guru en zijn leerling, gaat voorbij het intellect en de logica. Het is een diep gevoel van eenheid, een identiteit. Iemand die zulke liefde niet heeft ervaren, die alleen liefde kent als een lichamelijke relatie tussen twee mensen, begrijpt de diepte en zuiverheid van zulke liefde niet. Ze zullen het zeker verkeerd interpreteren, misschien zelfs als waanzin bestempelen. Het is duidelijk dat zelfs in gewone liefde (wereldse liefde) een bepaalde waanzin schuilt. "Ik ben stapelgek op jou" is een veelgebruikte term overal ter wereld. Als dat het geval is, is de waanzin in spirituele liefde, die verder gaat dan lichamelijke en emotionele liefde, veel groter, omdat liefde, of het nu spiritueel of werelds is, niet rationeel is. Er is geen plaats voor logica en rationalisering in liefde.

Amma zegt: "Liefde wordt nooit oud. Het is altijd nieuw."

Materiële zaken en mensen worden oud, minder bruikbaar en minder aantrekkelijk. Hoe ouder ze worden, hoe minder de aantrekkelijkheid en vreugde. Maar de schoonheid en aantrekking van echte liefde is eeuwig. Mensen zeggen: "De liefde voor mijn partner werd minder." Onbevooroordeeld zelfonderzoek zal onthullen dat men vanaf het begin nooit enige liefde voor die persoon voelde. Wat als liefde werd beschouwd was alleen maar lichamelijke en emotionele aantrekking. Wereldse liefde blijft altijd op dat niveau, dringt nooit verder door.

In Amma's eigen woorden: "Liefde is een constant gevoel. Onafhankelijk van tijd en plaats blijft het altijd bij je. Niemand zegt tegen zijn geliefde: 'Ok, morgenmiddag tussen 2 en 3 is het

de tijd om onze liefde uit te drukken.' Dat doe
je niet."

Liefde is mysterieus. Hoe harder je probeert het
te verklaren, hoe mysterieuzer het wordt.

Onlangs sprak ik met een jonge chirurg die
de ingewikkelde chirurgische ingrepen die hij
deed, beschreef. Hij besloot met: "Swamiji, weet
u, zoals onze geschriften zeggen, is het lichaam
een ellendig en walgelijk iets. Het is gewoon
vuil." Enkele ogenblikken na deze uitspaak
veranderde de dokter het onderwerp van gesprek
naar zijn vriendin en dat hij zijn ouders niet kon
overtuigen dat hij dit meisje wilde trouwen. Hij
werd emotioneel en zei me: "Maar ik kan niet
zonder haar."

Zie je de duidelijke tegenstrijdigheid in de
houding van de dokter? Eerst maakt hij een
opmerking over de weerzinwekkende aard van
het menselijk lichaam. Daarna sprak hij over zijn
geliefde met heel veel opwinding en emotie. Wat
betekent dit? Het betekent dat liefde iets is wat
voorbij het lichaam gaat. Liefde ziet het lichaam
niet, evenmin als zijn beperkingen, het vuil, de
lelijkheid en alle bekrompen gevoelens. Liefde,

of die nu gewoon of spiritueel is, transcendeert het menselijke intellect en al zijn berekeningen.

Er is geen manier om liefde te meten. Je kunt alleen de vereenzelviging met je geliefde observeren of voelen. Hoe meer je geïdentificeerd bent met je geliefde, hoe meer liefde je hebt. Wat zou bijvoorbeeld je antwoord zijn als iemand je vroeg: "Van wie hou je het meest, van je werk of van je vrouw?" Je spontane antwoord, de reactie die je zonder een moment na te denken geeft, toont de mate van je liefde. Het antwoord, wat het ook is, toont de kracht van je identificatie.

Afhankelijk van de identificatie ontwikkel je ook een gevoel van eenheid met je geliefde. In zo'n relatie vindt communicatie ook zonder woorden plaats. Dit verschijnsel zien we zelfs in gewone liefde. We horen zo vaak dat geliefden zeggen: "Ik wilde haar graag spreken en toen belde ze me." of "Ik had een droom van hem waarin hij zijn ouders aan me voorstelde. Ik was helemaal verbaasd toen hij zijn ouders de volgende dag inderdaad aan me voorstelde. Ik had hem zelfs niet over de droom verteld."

Als dit zelfs gebeurt bij gewone liefde, die een gevoel of een gewaarwording is gebaseerd op de lichamelijke en emotionele lagen van het bewustzijn, dan zal spirituele liefde, die een ervaring voorbij de dimensies van lichaam en geest is, de toegewijde zeker verenigen met de Heer en de leerling met zijn guru op een veel dieper niveau. In dat nauwe contact komt 'oproep en antwoord' ook aanzienlijk vaker voor.

Van de talloze ervaringen die Amma mij welwillend heeft gegeven, wil ik er één delen die de kracht van 'oproep en antwoord' laat zien.

In 1981 toen Amma me vroeg om mijn doctoraal filosofie te halen, vroeg ik haar: "Wie zal me onderwijzen?" Amma zei: "Er is een professor in Changanassery (een stad ongeveer 50 kilometer van de ashram). Ga met hem praten en hij zal hier komen om je te onderwijzen." Ik ging op zoek naar de professor die ik nooit eerder had ontmoet. Ik had geen idee of hij naar de ashram zou willen komen om mij te onderwijzen, maar ik had volledig vertrouwen in Amma's woorden. Ik kwam erachter dat de professor een eminent geleerde was, die meer dan 25 boeken had geschreven. Midden jaren 1970 was hij naar de Verenigde Staten gegaan in het kader van een

Fulbright uitwisselingsprogramma voor hoger onderwijs in westerse filosofie.

Ik ging eerst naar zijn huis. Zijn vrouw vertelde me dat hij op de universiteit was, dus ging ik daar naar toe. Toen ik op hem wachtte, stelde ik me een serieus ogende en volwassen persoon voor die elk moment in een modern pak zou verschijnen. Ik was een beetje zenuwachtig omdat ik hem nooit eerder had ontmoet en geen idee had hoe hij was.

Nadat ik een half uur in een klaslokaal had gewacht, kwam er een grappig uitziende man binnen. Aanvankelijk dacht ik dat het zo maar iemand was, maar ik was sprakeloos toen hij zich voorstelde als de professor met wie ik een afspraak had. Ik wil niet onbeleefd zijn maar om eerlijk te zijn, hij leek op een nog grappigere Indiase versie van Oliver Hardy van het bekende duo Laurel en Hardy. Zij lippen waren rood van het mengsel van betelblad, tabak en arekanoot (*paan*) waarop hij kauwde. De mond van de professor zat zo vol met dat spul dat hij nauwelijks kon praten. Met een tulband op zijn hoofd, zijn *dhoti* opgetrokken en zijn grote ronddraaiende ogen, dacht ik bij mezelf: "Wat een bizar figuur! Vergeet het maar. Hij zal me nooit les komen geven. Zelfs als hij komt, hoe ga ik dan bij deze vreemd uitgedoste persoon zitten en studeren? Ik moet Amma vragen om een ander te zoeken."

Hoewel zijn aanwezigheid me heel ongemakkelijk maakte, stelde ik me voor en legde ik het doel van mijn bezoek uit. Zijn onmiddellijke antwoord was: "Daar kan ik niet heen. Dat doe ik niet. Ik heb geen tijd. Als je wilt, kun je in de weekends hier komen. Ik zal proberen wat tijd voor je vrij te maken." Toen voegde hij daaraan toe: "Bovendien ben ik atheïst. Ik heb absoluut geen zin om tijd door te brengen in een ashram-atmosfeer."

Toen was het over. Hij stond op en liep naar de deur. Omdat ik hem niet kon overtuigen om naar de ashram te komen om mij te onderwijzen, maakte ook ik aanstalten om te vertrekken. Toen ik me omdraaide om het klaslokaal te verlaten, hoorde ik achter me een stem.

"Een moment…" Het was de professor weer. Hij vervolgde: "Op de een of andere manier kan ik geen nee tegen je zeggen, als ik naar je gezicht kijk. Dus zal ik volgend weekend naar je toe komen om de omgeving te bekijken." Ik wist plotseling dat dit Amma's werk was.

Zoals intellectuelen wel vaker zijn, was deze professor een beetje excentriek. Op sommige dagen begon hij de les voordat ik er was hoewel ik zijn enige student was.

Op een keer, een paar weekenden nadat hij voor het eerst naar de ashram was gekomen, had ik een verhitte discussie met hem. In die dagen hadden we alleen kleine hutten om in te wonen. Amma gaf darshan in een van die hutten aan één kant van het terrein, terwijl de professor en ik aan de andere kant zaten, waar Amma's ouders woonden. Vlak voor de les begon, keerde ik me naar Amma's foto en bad. Zodra ik klaar was met bidden, maakte de professor: een opmerking "Waarom bid je? Hoort ze je gebeden? Hard werken is het enige. Behalve dat zal geen God of *guru* je komen helpen."

Ik was diep gekwetst door zijn opmerking. Het voelde voor mij alsof iemand twijfelde aan mijn vertrouwen in Amma en aan de traditionele *guru*-leerling-relatie op zich. Natuurlijk is het niet mijn taak om mensen overal te overtuigen van mijn weg en mijn vertrouwen. Dat is niet nodig. Maar in een opwelling antwoordde ik de professor resoluut: "Ja, Amma hoort ieder afzonderlijk gebed. Wilt u dat zien?"

Hij zei: "Ja, als je dat durft."

Met volle overtuiging zei ik op strenge toon: "Wacht maar af wat er gebeurt. We zijn ver weg van de hut waar Amma darshan aan het geven is en ik zit hier bij u. Maar, let op, binnen een paar minuten zal Amma iemand sturen om me te roepen."

Hij zei: "Okay, we zullen zien. Ik ben er zeker van dat het niet zal gebeuren."

Ik zei: "Amma zal me zeker roepen. Als dat gebeurt, wilt u dan komen en voor haar knielen?" Op dat moment gaf de professor mij bijna vier weekenden les. Toch had hij Amma nog niet één keer gegroet. Hij was er erg zeker van dat Amma me de komende minuten niet zou roepen, omdat hij dat tot nu toe nog nooit tijdens de les had zien gebeuren.

Logisch gezien en gezien de omstandigheden lag een plotselinge en onverwachte roep van Amma niet voor de hand. In die tijd waren er niet van die urgente zaken. Dus zei de professor: "Ja, 100% zeker. Ik geef je mijn woord." Maar de beslissingen van het universum zijn onvoorspelbaar.

Een paar minuten later kwam er een *brahmachari* aan de deur van de hut en zei me: "Amma roept je."

Terwijl de professor daar zat met uitpuilende ogen, rende ik de hut uit om Amma te zien. Toen ik daar kwam, keek Amma me aan en stelde slechts één vraag: "Zoon, heb je Amma geroepen?"

Ik had geen woorden om mijn gevoel uit te drukken. Terwijl ik naar haar staarde met een hart vol liefde en dankbaarheid, zag ik de professor de darshanhut binnenkomen en aan de voeten van Amma vallen.

Dat is de kracht van echt gebed.

Amma zegt: "God luistert altijd naar onze gebeden. We hebben echter alleen maar het recht om te bidden. Wanneer antwoord te geven is Gods beslissing. Het ligt in Gods handen. Menselijke regels van oproep en antwoord zijn hier niet van toepassing. We moeten het vaste vertrouwen hebben dat of God nu of later of zelfs in een volgend leven antwoordt, het altijd voor ons bestwil is. Soms antwoordt God meteen. Denk dan dat dat is om ons geloof te verdiepen. Een uitgesteld antwoord na een lange periode van wachten betekent dat God wil dat we ons geloof verdiepen. En als er helemaal geen antwoord komt, besef dan dat God iets goddelijks voor ons in petto heeft."

Het doel van de guru is om de leerling te laten zien dat de guru en de leerling in werkelijkheid één zijn, dat ze allebei hetzelfde bewustzijn zijn. Het hart van de leerling zit op slot, is geblokkeerd door lagen negativiteit die in talloze levens zijn opgebouwd. De gedachten en emoties in zijn geest veroorzaken een totale verkeersopstopping. De guru kent iedere techniek om die onophoudelijke verkeersstroom op te ruimen. Hij kent ook allerlei kortere wegen die je kunt nemen om de bestemming sneller te bereiken, omdat hij de enige is die de juiste sleutels kent om het hart te openen. Als het hart eenmaal open is, zal de guru de leerling met een vederlichte aanraking in de uitgestrekte oceaan van *sat-chit-ananda* (zuiver zijn, bewustzijn en gelukzaligheid) duwen. Het hart is de poort naar God en Zelfrealisatie.

Het is niet gemakkelijk om dat opengaan van het hart te bereiken. Onze gedachten zijn de boosdoener. Op dit moment hebben onze gedachten met talloze twijfels en diepgewortelde gewoontes het hart volledig overgenomen en in hun macht. Het is moeilijk onze geest ergens van te overtuigen.

De geest verzamelt alles, of het nu goed of slecht is, nodig of onnodig. Ik had een vriend die de drang had om alle geparkeerde voertuigen waar hij langs liep aan te raken. Ongeacht of wij, zijn vrienden, bij hem waren of mensen hem zagen, hij bleef bij zijn vreemde gewoonte. We plaagden hem met deze vreemde gewoonte, maar hij zei dan: "Ik kan er niets aan doen, ik moet dit gewoon doen." De menselijke geest functioneert op een vergelijkbare manier. Het wil alles 'aanraken' of dit nu zin heeft of niet.

Omdat we zo gemakkelijk oordelen, kunnen we het grootste deel van de tijd zelfs niet logisch handelen. Laat me een voorbeeld geven. Veel mensen hebben belangrijke vragen voor Amma, inclusief vragen over belangrijke beslissingen in hun leven. Het punt is echter dat ze soms al een beslissing genomen hebben over wat ze gaan doen. Ze verwachten alleen dat Amma instemt met hun beslissing. Zo niet, dan denken ze dat Amma hen niet het juiste advies heeft gegeven. Dit is een verkeerde houding, zonder devotie, liefde en vertrouwen. Je bent alleen op zoek naar een bevestiging van de beslissingen die je al genomen hebt. Je hebt de volgorde totaal omgedraaid.

Als je zo zeker bent over je vaardigheid om besluiten te nemen, waarom vraag je Amma dan

om advies? Ga door en doe wat je wilt en bid voor
de zegen van de *guru*. Maar leg de schuld niet bij
God of de *guru*. Of open je hart, vraag advies aan
de *guru* en handel daarnaar.

Een Satguru zoals Amma is onze betrouwbaar-
ste vriend. Ze neemt ons bij de hand en leidt ons
op het juiste pad, helpt ons de ogen te openen en
onze geest te transcenderen. Dan zal ons derde
oog opengaan, als we ons naar binnen richten.

De *Upanishaden* laten ons zeer veel voorbeelden
zien van echte *guru-bhakti* (devotie voor de guru).
Er zijn veel verhalen van leerlingen die simpelweg
verlicht werden door hun devotie, gehoorzaam-
heid, onbaatzuchtigheid en overgave aan de *guru*.
Guru-bhakti is net als elektriciteit die van de ene
naar de andere kant van de stroomdraad loopt,
van de *guru* naar de leerling.

De transcendente ervaring van de oude
rishi's, zoals weergegeven in de geschriften, geeft
ons een sterke aanwijzing van een allerhoogste
werkelijkheid, een kosmische intelligentie. Maar
in de ogen van leerlingen en toegewijden is God
slechts een concept, een beeld dat ze in tempels
of op afbeeldingen zien.

Maar al deze concepten die in de geschriften beschreven worden, nemen een vorm aan in een Satguru. De Satguru is de belichaming van liefde, compassie, zuiverheid, geduld, verdraagzaamheid, doorzettingsvermogen, subtiliteit en alle andere nobele eigenschappen. Zij zijn het enige bewijs van het bestaan van God, de hoogste werkelijkheid. De aanwezigheid, woorden en daden van de Satguru laten overduidelijk zien: "Ja, God bestaat, omdat de *guru* bestaat."

Daarom zegt de *guru Gita*:

> *dhyānamūlam gurōrmūrtiḥ pūjāmūlam gurōḥ padam*
> *mantramūlam gurōrvākyam mōkṣamūlam gurōḥ kṛpā*

> De oorsprong van meditatie is de vorm van de guru;
> de oorsprong van aanbidding zijn de voeten van de guru;
> de oorsprong van de mantra is het woord van de guru;
> de oorsprong van bevrijding is de genade van de guru. (1-2)

4 | DE GODDELIJKE MUZIEK DIE ME WAKKER MAAKTE

Als we de melodie van een bamboefluit horen, is het eerste wat in ons opkomt de vorm van Muralidhara,[4] Heer Krishna, die altijd goddelijke muziek op zijn fluit speelde. De muziek die uit Zijn bamboefluit kwam was zo bekoorlijk en melodieus dat het zelfs vogels, dieren en hemelse wezens aantrok.

---

[4] Die de fluit draagt, een andere naam voor Heer Krishna

Murali (fluit) en Muralidhara lijkt op de relatie tussen de toegewijde en de Heer. Maar voor mij woonde Krishna niet alleen in Vrindavan en Mathura. Hij was niet alleen de zoon van Devaki en Vasudeva. Hij leefde niet alleen in de Dvāpara Yuga[5] en was ook niet alleen in Dvarakapuri. Hij is hier, nu, bij mij, en leeft in deze wereld. Hij veranderde alleen zijn uiterlijke verschijning van man naar vrouw en heeft ook een andere naam, Amma, Sri Mata Amritanandamayi Devi. De woonplaats is ook veranderd, van Dvarakapuri naar Amritapuri.

Je bent misschien teleurgesteld als je dezelfde Krishna wilt zien die vijfduizend jaar geleden leefde. Hij werd in Mathura geboren en naar Vrindavan gebracht waar hij met de *gopa's* (koeherders) en *gopi's* speelde met een pauwenveer in zijn haar. Hij bespeelde de bamboefluit en werd in de Mahābharata-oorlog de wagenmenner van de grote krijger Arjuna, de derde van de Pandava-broers. Hij schonk ons de zeer diepgaande tekst die

---

[5] Een van de vier yuga's (tijdperken). De vier yuga's samen vormen een scheppingscyclus. Heer Krishna leefde tijdens de Dvāpara Yuga en was de heerser over het Dvaraka koninkrijk. Het tegenwoordige tijdperk staat bekend onder de naam Kali Yuga.

bekend staat als de *Bhagavad Gita*. Waarom ben je teleurgesteld? God is immers oneindig en herhaalt zich niet door opnieuw dezelfde vorm aan te nemen. Alleen mensen een beperkte vindingrijkheid hebben, herhalen dingen, maar dat kan gaan vervelen. God, die oneindig is, neemt ontelbare namen en vormen aan. Er is geen verveling. Er is alleen uitgestrektheid.

Krishna was een prachtige, onberispelijke mix van de kosmische mannelijke en vrouwelijke energie, de schepper en de scheppende aspecten in volmaakt evenwicht. Zo is Amma ook.

Hoe zit het met het fluitspel, vraag je je misschien af. Die vraag was te verwachten. Wat uit de bamboefluit van Krishna kwam, was niet alleen muziek. Het was de onvergankelijke melodie van de hoogste liefde, die alle schepselen, bewegend en niet bewegend, naar zich toe trok. Amma's bhajans doen hetzelfde. Als je naar Amma's bhajans luistert, word je onvermijdelijk tot haar aangetrokken.

Het woord '*krshnaha*' is afgeleid van de Sanskrietwortel '*krsh*.' Het betekent onder meer, aantrekken, ploegen en ontwortelen. In Amma's aanwezigheid worden het gevleugelde woorden.

77

Amma is zuivere liefde die harten aantrekt om zich aan haar over te geven. Ze is de Satguru die de akker van onze geest ploegt, ons zuivert door de stenen en brokken onzuiverheid daarin te verbrijzelen, het zaad van nobele deugden zaait en ons helpt geleidelijk de vrucht van Zelfrealisatie te bereiken. Als je het op die manier bekijkt, zul je zien dat Heer Krishna en de muziek van zijn goddelijke fluit en Amma's heilige aanwezigheid, die de bron is van grenzeloze liefde, één zijn. Amma is het heilige lied van hoogste liefde die het goddelijke in de mens raakt en wakker maakt.

Gerealiseerde zielen zijn één met de vormloze transcendente werkelijkheid. Om een vorm aan te nemen en in de wereld te werken moeten ze een speciale *sankalpa* maken. Die *sankalpa* kan alleen worden uitgelegd als hun zuivere liefde en compassie voor de mensheid. Maar zelfs als ze bezig zijn met het vervullen van hun goddelijke missie, zijn ze volledig onthecht en worden niet geraakt door de handelingen noch door de resultaten. Volledig gevestigd in de staat van *sahaja samadhi* hebben zij geen besef van ik en mijn. Zelfs te midden van alle activiteiten zijn ze volledig vrij van ego en altijd tevreden.

De *Mundaka Upanishad* legt dit prachtig uit:

dvā suparṇā sayujā sakhāyā samānam
vṛkṣam pariṣasvajātē
tayōr anyaḥ pippalam svadu atti anaśnan
anyō abhicākaśīti
samānē vṛkṣē puruṣō nimagno anīśayā śōcati
muhyamānaḥ
juṣṭam yadā paśyati anyam īśam asya
mahimānam iti vītaśōkaḥ

Zoals twee vogels met gouden veren,
onafscheidelijke metgezellen, op een tak van
dezelfde boom zitten. Een van hen proeft
de zoete en bittere vruchten van de boom;
de ander proeft geen van beide en kijkt
kalm toe. Op dezelfde boom treurt het
individuele zelf (*jiva*), dat misleid is doordat
het zijn identificatie met het goddelijke Zelf
is vergeten en verward wordt door zijn ego,
en het is verdrietig. Maar als hij de ander
als de Heer, die door allen aanbeden wordt
en Zijn glorie herkent, wordt hij vrij van
verdriet. (3.1.1 – 2)

Hier in deze wereld van diversiteit bestaan God en
de mensen, eigenlijk alle levende wezens, samen.

Bestaan zonder God is onmogelijk. Dus 'ik besta' betekent: 'ik besta alleen omdat God bestaat.' Dit besef bevrijdt ons van alle vormen van leed, zoals bedroefdheid, angst, depressie, boosheid, hebzucht, jaloezie, haat, gehechtheid, afkeer enzovoort. Dit zijn allemaal afgeleiden van leed (*soka*), symptomen van de ziekte die bekend staat als *samsara*, de oceaan van lijden.

Een verlicht iemand leeft ook in deze wereld en functioneert dankzij lichaam en geest. Onwetende mensen die hen zien en het lichaam als het Zelf beschouwen, denken misschien dat deze grote zielen ook in de dualiteit leven. Zij zijn echter volledig onthecht van het lichaam en volledig gericht op het Zelf.

Kijk naar Shiva's *damaru* (kleine trommel). Het instrument lijkt op twee driehoeken die elkaar raken bij het smalste punt. Beide uiteinden zijn breed en het midden is smal. In dit beeld ligt het hoogste spirituele geheim verborgen. Het individuele zelf, *jiva,* en het Hoogste Zelf, Shiva, zijn in werkelijkheid verenigd. Zij zijn één en hetzelfde. Individualiteit is niets anders dan totaliteit in een specifieke naam en vorm.

Ik zag Amma voor het eerst op een avond in 1979. Ik had veel vragen. Ik dacht erover er een paar te stellen: zou ik het goed doen bij mijn B.A. (Bachelor) examens, over de toekomst en andere soortgelijke vragen. Degenen die me naar Amma vergezelden zeiden: "Je hoeft haar niets te vertellen. Ze zal jou alles vertellen." Ik besloot om erachter te komen of dat waar was.

In die tijd kende ik zelfs het abc van spiritualiteit niet. Ik had er ook geen idee van wat voor een grote guru Amma is. De enige informatie die ik had was de onvolledige en niet zo overtuigende uitleg die mijn reisgenoten me hadden gegeven. Bovendien vond ik het in die gemoedstoestand erg belangrijk antwoord te krijgen op de vraag: "Wat is het leven, hoe nu verder om mijn onzekerheid over de toekomst op te lossen?" De belangrijkste beslissing die ik wilde nemen was of ik acteur, zanger of iets anders moest worden.

Toen we met de veerboot halverwege de backwaters waren, hoorde ik de klanken van een lied. Hoewel het van de andere kant van de backwaters kwam, was de stem vol bezieling en van een onaardse allure. Naarmate we dichterbij kwamen, werd het gezang beter hoorbaar. Het was Amma die zong. Haar stem was absoluut anders. Het had een onbeschrijfelijke en zeer speciale dimensie in zich. Had de stem de kracht om iemands hart spontaan te openen? Ja, ik dacht het wel.

Het lied dat Amma zong was:

ammē bhagavati nitya kanyē dēvi
enne kaṭāksippān kumbiṭunnēn

O Goddelijke Moeder, Eeuwige Maagd,
ik buig voor U om Uw genadige blik.

In die tijd was er geen Mata Amritanandamayi Math en geen ashram. De enige gebouwen toen waren het huis waarin Amma's ouders woonden, een klein tempeltje en daarnaast een schuurtje gemaakt van gevlochten kokosbladeren. Desalniettemin had de omgeving een fascinerende aantrekkingskracht, de plek was zo onweerstaanbaar aantrekkelijk!

Terwijl ik voor de tempel stond, fluisterde een van mijn metgezellen in mijn oor: "Wil je een paar bhajans zingen?" Ik dacht: "Waarom zou ik deze gelegenheid aan mij voorbij laten gaan?" Ik zong zonder aarzeling een paar devotionele liederen. Toen ik op de kleine veranda zat te zingen, werd mijn geest onwillekeurig geabsorbeerd door stilte.

Ik dacht dat Amma, die binnen in het heiligdom darshan aan het geven was, me een paar keer aankeek. Nee, dat was zo, zeker weten!

Amma zei me: "Toen je aan het zingen was, wist Amma dat deze stem bedoeld was om op te gaan in God. Op dat ogenblik verbond Amma jou met haar geest."

"Me met haar geest verbinden." Ik begreep niet wat Amma daarmee bedoelde. Maar toen mijn kijk op het leven honderd tachtig graden draaide na mijn eerste ontmoeting met Amma, was de ervaring zelf een verklaring van Amma's uitspraak.

Toen het op die eerste dag mijn beurt was, ging ik naar Amma om haar darshan te ontvangen. Toen ik bij haar kwam, verdwenen de vragen die ik een paar momenten daarvoor nog had, langzaam als sneeuw voor de zon. Zodra ik in Amma's armen lag, was ik niet in staat om ook maar iets tegen haar te zeggen. In die ogen en in haar gezicht zag ik een oceaan van compassie.

De enige manier waarop ik de ervaring onder woorden kan brengen is: "Het was alsof de liefde en genegenheid van alle moeders uit de hele wereld tot mij kwam, een overweldigende ervaring om al die liefde daar op dat moment tegelijk te voelen."

Een enorme vloedgolf uit die oceaan overspoelde me. Wat erop volgde was onbeschrijfelijk. De ervaring was als thuiskomen na jaren van ballingschap, als een gevangene die vele jaren in de gevangenis heeft gezeten en wordt vrijgelaten op een moment dat hij het totaal niet verwacht. Het leek een beetje op een zieke oude man die naar zijn tienerjaren terugkeerde. Misschien leek het nog meer op een bedelaar die gezegend werd met de magische lamp van Aladdin zonder aanwijsbare reden. Zelfs deze voorbeelden kunnen de overvloed en heelheid van de ervaring niet volledig beschrijven.

Zonder dat ik het wist vlogen de deuren van mijn hart open. Tranen stroomden over mijn wangen, tranen van gelukzaligheid rechtstreeks vanuit mijn hart. Amma omhelsde me stevig en fluisterde in mijn oor: "Mijn kind, wat zoek je? Je bent van mij, mijn zoon; ik ben je moeder." En toen onthulde Amma alles wat me bezighield. Maar ik was in een staat waarbij mijn geest en woorden uitgewist waren. Op dat moment realiseerde ik me dat alles wat ik in mijn leven als belangrijk had beschouwd, totaal onbelangrijk was.

Woorden schieten tekort om mijn eerste ontmoeting met Amma adequaat te beschrijven.

Deze beschrijving vormt slechts het 'topje van de ijsberg', nog geen begin van een probeersel om in een tastbare vorm uit te leggen wat mijn ongrijpbare ervaring was.

Dat was veertig jaar geleden. Wat is de tijd snel voorbijgegaan! Wat is er veel veranderd! De ashram is uitgegroeid tot een enorme organisatie met vertakkingen over de hele wereld, miljoenen volgelingen, humanitaire activiteiten die landsgrenzen overschrijden, complimenten en erkenning van de Verenigde Naties en landen buiten India voor die activiteiten. Amma brengt verbazingwekkende omwentelingen teweeg op het gebied van onderwijs, medische wetenschap en research en heeft hiervoor internationale onderscheidingen gekregen. De lijst is oneindig.

Amma vertegenwoordigt de oude wijsheid die door de rishi's, de zieners van India, werd overgedragen. Daarom overstijgt ze alle barrières van taal, nationaliteit, cultuur, kleur enzovoorts. Haar leven is bedoeld om de gehele mensheid vooruit te helpen. Om het in Amma's eigen woorden te zeggen: "Voor mij is de wereld als een bloem. Elk bloemblaadje vertegenwoordigt een land. Als één bloemblaadje door ongedierte aangetast is, zullen de overige blaadjes ook aangetast worden. Ik hou van de bloem als geheel omdat de schoonheid van de bloem in haar heelheid zit."

De *Maha Upanishad*, een onderdeel van de *Samaveda*[6] traditie zegt:

> *ayam bandhurayam nēti gaṇanā*
> *laghucētasām*
> *udāracaritānām tu vasudhaiva kuṭumbakam*

> Het onderscheid 'Deze persoon is van mij en deze niet' wordt alleen gemaakt door bekrompen mensen (de onwetenden die in de dualiteit leven). Voor de mensen van nobel gedrag (die de Hoogste Waarheid kennen) is de hele wereld één familie. (6.72)

Amma is de belichaming van deze uitspraak uit de *Upanishaden*.

Maar ondanks alles blijft ze dezelfde als altijd. Amma's leven doet ons denken aan Krishna's woorden *utasthamacalam dhruvam*. 'Dat wat onveranderlijk, stil en eeuwig is.' (*Bhagavad Gita*, 12.3)

---

[6] Een van de vier Veda's

Om het in Amma's eigen woorden te zeggen: "Er waren tijden dat mensen mijn pad met doornen bezaaiden. In die tijd en ook nu, wanneer mensen bloemen op mijn pad strooien, blijf ik Dat. Ik ben altijd één geweest met de Ene."

Als de leraar niet in de klas zou zijn, wat voor ruzie en herrie zou er dan zijn! Maar zodra de leerlingen zelfs maar de schaduw van de leraar in de verte zien opdoemen, zitten ze stil en zijn rustig. Een dergelijk effect heeft de aanwezigheid van een ziel als Amma ook. Louter door hun aanwezigheid, *sannidhi matrena,* gebeurt alles.

Ik heb een gedicht gehoord waarin God werd afgeschilderd als de heerser van het universum die alles alleen bestuurt door zijn wenkbrauwen te bewegen. Hoe kan dat? Heeft God wenkbrauwen? Zelfs als Hij die heeft, hoe kan Hij dan het universum besturen door slechts Zijn wenkbrauwen te bewegen? Zulke vragen kunnen opkomen. Om eerlijk te zijn weet ik hier niet veel van, want zoals iedereen weet ik weinig van zo'n God. Maar ik heb alles op de juiste manier en op de juiste tijd zien uitpakken, alleen door Amma's aanwezigheid.

We kunnen alles leren door slechts naar Amma te kijken. Haar leven is een volmaakt naslagwerk voor mensen van alle landen, talen, culturen en religies. In haar leven vinden we het beste voorbeeld van echte meditatie, oprechte liefde, compassie, onbaatzuchtigheid, geduld, verdraagzaamheid en vastberadenheid. Amma laat ons zien hoe we met allerlei mensen om moeten gaan, zelfs met onze vijanden. Dagelijks toont ze hoe we om moeten gaan met kinderen van alle leeftijden, hoe we perfect met onze geest en met externe situaties om kunnen gaan, hoe we om moeten gaan met tijd, afval, rampen en geld en alle andere aspecten van het leven.

Er zit kunst in elke handeling van Amma. Hiermee bedoel ik niet dat ze een kunstenaar is. Ze is kunst zelf, de incarnatie van de Godinnen Lakshmi en Sarasvati[7]. Amma is geen zangeres maar haar liederen weten het hart van de mensen diep te raken en creëren daar golven van liefde en gelukzaligheid. Amma is geen spreker, maar haar woorden brengen een transformatie in het hart van de mensen teweeg. Amma is geen danser maar als ze danst, verliezen we ons in gelukzaligheid.

Ieder van ons heeft twee geboorten. De eerste is als we uit de baarmoeder komen. De tweede

---

[7] Respectievelijk de Godin van welvaart en kennis

vindt plaats als we een Satguru vinden. Baby's zijn onschuldig, maar hun onschuld duurt niet lang. Als ze opgroeien, groeit hun ego ook. Maar als we een Satguru ontmoeten, wordt de onschuld in ons weer wakker gemaakt. Ons innerlijke kind dat sliep, wordt opnieuw geboren. Als we naar dit universum met deze onschuldige ogen kijken, zal alles een bladzijde in het *Boek van Deugden* worden, een hemelse boodschap van God. Geleidelijk herontdekken we onze aangeboren onschuld.

Toen ik Amma voor het eerst opzocht in juni 1979, werd ik opnieuw kind. Ik was 22 jaar oud. Sinds die tijd houd ik me vast aan de zoom van Amma's sari. Dat gaat tot op de dag van vandaag door. Veertig jaar zijn verstreken, maar bij Amma ben ik nog steeds een kind. Zo zie ik het graag. Als we kind zijn, kunnen we veel leren. Het is ook gemakkelijk voor een moeder om een kind iets te leren. De poorten van kennis gaan voor ons dicht zodra we denken dat we volwassen en groot geworden zijn. Het is daarentegen gemakkelijk om te groeien als ons hart groeit en ons ego kleiner wordt.

Hoewel het veertig jaar geleden is, weerklinken die transformerende eerste ervaring van Amma's aanwezigheid en de woorden die ze me toen in mijn oor fluisterde, nog steeds in mijn hart. Amma's aanwezigheid is mijn Dvaraka. Zij is mijn Krishna. Uit haar komt het eeuwige liefdeslied voort, de goddelijke muziek van zuivere, onvoorwaardelijke liefde.

Amma's leven en daden zijn het onderwerp van mijn meditatie. Haar stem en woorden zijn voor mij de klanken van de goddelijke fluit, de zoete melodie die me wekte uit een diepe slaap.

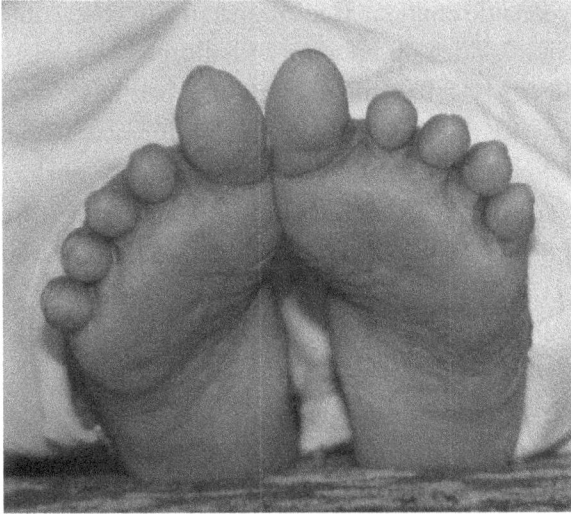

5 | SAHASRAPADE NAMAH[8]

rāmam daśaratham viddhi mām viddhi
janakātmajām
ayōdhyām aṭavīm viddhi gaccha tāta
yathāsukham

(Ayodhya Kanda, 2.40.9)

Dit vers wordt als het belangrijkste uit de
Rāmāyana beschouwd. Het komt voor in de

---

[8] "Eer aan de Godin, die duizend voeten heeft." (*Sri Lalita*
Sahasranama, mantra 284)

volgende context: Heer Rama en zijn echtgenote Sita stonden op het punt in ballingschap te gaan in het bos. Lakshmana ging met hen mee. Toen adviseerde Sumitra haar zoon Lakshmana: "Zoon, beschouw Rama als Dasaratha, Sita (de dochter van Janaki) als mijzelf (Sumitra) en het vreselijke bos als Ayodhya. Heb een veilige reis en kom terug."

Dit vers heeft ook een esoterische betekenis: *Dasa* betekent tien. Door dit woord te gebruiken zinspeelde Sumitra erop dat Sri Rama gezien moest worden als één van de tien incarnaties van Heer Vishnu. Het woord *mām* kan daarom geïnterpreteerd worden als Godin Lakshmi (Heer Vishnu's vrouw). Met andere woorden, wat Sumitra wilde zeggen was: "Onthoud dat Sita niemand minder is dan de Godin Lakshmi zelf."

En het bos? Dat is datgene wat niemand heeft kunnen veroveren, ofwel Vaikunta, de onneembare verblijfplaats van vrede, die Heer Vishnu in zich bergt. "Zoon, ga blij op weg met dit onwankelbare vertrouwen en keer veilig terug." In het kort betekent het vers: "Waar Heer Rama woont is Ayodhya, de echte verblijfplaats van vrede, zelfs als dat een bos is. En daar waar de Heer niet is, ontstaat een bos."

Samengevat, waar de goddelijke aanwezigheid van een gerealiseerde ziel is, dat wordt Ayodhya. Ayodhya betekent de plek zonder *yuddha* (conflict, oorlog), de basis van de allerhoogste vrede. Waar ter wereld een gerealiseerde meester ook is, die plek verandert in een plaats van eeuwig geluk en schoonheid. De atmosfeer verandert in een 'Atma-sfeer', een ruimte waar je de uitgestrektheid van je innerlijke Zelf kunt ervaren.

Dit doet me denken aan een gebeurtenis van een paar jaar geleden tijdens een retraite aan de Gold Coast in Australië. We kwamen daar aan na de programma's in Melbourne, Sydney en Brisbane. De betoverende plaats van Amma's darshan en de accommodatie waren vlak bij zee, aan een lange kustlijn van zuiver wit zand. Het is een populaire vakantiebestemming waar tienduizenden mensen uit de hele wereld komen surfen en relaxen.

Het programma duurde drie dagen. Op de derde dag ging de darshan door tot het ochtend-gloren. De terugreis naar India was die nacht. Die avond kwam Amma totaal onverwacht uit haar kamer en liep regelrecht naar het strand. Zodra haar kinderenhaar zagen, kwamen ze vanuit alle hoeken en gaten tevoorschijn, zoals bijen die afkomen op bloemen vol nectar.

Bij een volmaakt meester zijn is zo'n diepgaande ervaring. De aantrekkingskracht is onweerstaanbaar. Het is als ijzervijlsel bij een enorm krachtige magneet. Niets kan de metaaldeeltjes tegenhouden die door de magneet worden aangetrokken. Als iemand tegen hen zegt: "Stop met samenkomen. Waarom blijven jullie niet weg?" zal dit niet werken. Net zoals het de aard van een magneet is om aan te trekken, is het de aard van metaal om aangetrokken te worden door een magneet.

In zuivere liefde stopt de geest en houden gedachten op te bestaan. Denken is zelfs bij gewone liefde niet belangrijk. In feite ruïneert te veel denken liefde. Denken hoort ofwel bij het verleden of bij de toekomst. Liefde is in het heden. Als twee mensen verliefd worden, denken ze niet: "Zal ik, of zal ik niet?" Het gebeurt gewoon vanzelf.

Ik heb wel eens gehoord: "Liefde kan niet verklaard of begrepen worden." Als we vragen:

"Waarom hou je van iemand?" is het antwoord:
"Ik weet het niet. Het gebeurt gewoon." Omdat
liefde niet uit het denken komt om te kennen maar
vanuit het hart om te voelen.

De Brihadaranyaka Upanishad zegt,

> *ēṣa prajāpatir yad hṛdayam, ētad brahma,*
> *ētad sarvam; tad ētat tryakṣaram;*
> *hṛdayam iti.*
> *hṛ ityēkam akṣaram; abhiharantyasmai svāś*
> *cānyē ca, ya ēvam vēda;*
> *da ityēkam akṣaram, dadatyasmai svāś cānyē*
> *ca ya ēvam vēda;*
> *yam, ityēkam akṣaram; ēti svargam lokam ya*
> *ēvam vēda.*

Dit is Prajāpati, dit hart. Het is Brahman,
het is alles. *Hṛdayam* (heart) heeft drie
lettergrepen.
Hṛ is een lettergreep. Aan hem die dit
kent, geven zijn eigen mensen en anderen
(geschenken).
Da is een lettergreep. Aan hem die dit kent,
geven zijn eigen mensen en anderen (hun
krachten).
Yam is een lettergreep. Hij die dit kent,

gaat naar de hemel (*svarga*). (Niet de hemel
waar je de rest van je leven verblijft om
te genieten van plezier, maar de staat van
eeuwige gelukzaligheid, eenheid met zuiver
bewustzijn.)

(5.3.1.)

Het hart waarnaar in dit vers wordt verwezen,
is niet het bloed rondpompende orgaan in het
lichaam. Het is het spirituele hart, het centrum
van het menselijke lichaam, waar we alle diepe
gevoelens ervaren. Over de hele wereld zeggen
mensen: "Mijn hart opende zich toen ik hem of
haar zag." "Mijn hart zit op slot." "Mijn hart deed
pijn voor iedereen die alles bij de ramp verloor."
Amma zegt altijd: "Open je hart en bid."

Letterlijk vertaald bestaat de Sanskriet wortel
van het woord *hrdayam* uit drie lettergrepen.
Hr betekent trekken, aantrekken. Je wordt het
centrum van aantrekkingskracht. Je trekt zelfs het
hele universum aan. *Da* staat voor geven, in beide
richtingen. Jij geeft alles aan iedereen en zij geven
ook alles aan jou. Dit houdt de hele schepping in.
De derde lettergreep *yam* betekent gaan, opstijgen
naar de hoogste piek van het bestaan. Dit is de
ultieme betekenis van *hrdayam*, het hart.

Het hart is het meest ondoorgrondelijke aspect van het lichaam. Het boven geciteerde vers uit de Upanishad spreekt over dit hart, de God in ons, de binnenste ruimte in een individu.

De Bhagavad Gita zegt:

īśvaraḥ sarva-bhūtānām hṛddēśē'rjuna tiṣṭhati
bhrāmayan sarva-bhūtāni yantrārūḍhāni
māyayā

De Heer woont in het hart van alle wezens, Arjuna, en brengt door Zijn Maya alle wezens in beweging, (alsof) ze op een machine zijn gemonteerd. (18.61)

Daarom mediteren we op het hart, de plaats waar God verblijft, het punt waar je het 'jij' in jezelf voelt. Daarom beschouwen de meeste mensen uit de hele wereld het hart als de meest verfijnde, natuurlijke en eenvoudige plaats van het lichaam.

Laten we terugkomen waar we gebleven waren. Omringd door haar kinderen op het strand stond Amma met haar blik gefixeerd op de horizon. Haar stemming en de uitdrukking op haar gezicht gingen ons begrip te boven. Na enige tijd nam Amma wat zeewater in haar handpalmen en bracht dit eerbiedig omhoog naar haar voorhoofd en offerde het water weer aan de oceaan. Ze sloot toen zachtjes haar ogen.

Terwijl Amma's gelaat een indrukwekkende, diepe vrede liet zien, bleven haar kinderen stil, hun ogen op haar gericht. Ze koesterden zich in die gelukzalige aanwezigheid. Langzaam opende Amma haar ogen. Ze begon toen de zee in te lopen. Zonder toestemming te vragen volgden haar kinderen haar. "Kinderen, wees voorzichtig. Sta stevig met jullie voeten in het zand", adviseerde Amma liefdevol. Toen ze bijna tot haar knieën in het water stond, stopte Amma.

Na een paar minuten van meditatieve stilte hief ze haar handen op naar de lucht en zong: *Srishtiyum niye, srashtavum niye, saktiyum niye, satyavum niye… devi… devi… devi…* (U bent de schepping en de Schepper. U bent de Hoogste Kracht en de Waarheid. O Godin.) Haar kinderen zongen mee en herhaalden elke regel met volstrekte overgave. Terwijl de golven van de oceaan doorgingen met het reciteren van de heilige lettergreep *Om*, namen de golven van gedachten bij haar kinderen af.

Amma zong gelukzalig nog een bhajan: *Kotanu koti varshangalai satyame tetunnu ninne manushyan* (De mensheid zoekt U al eeuwenlang, O Waarheid.) Toen het lied eindigde, riepen de zuivere vibraties die door de bhajans waren opgeroepen, een innerlijke stilte op, ondanks het geluid van de donderende golven.

"Laten we gaan. De schemering is al ingevallen!" Toen Amma's kinderen haar stem hoorden, keerde het besef van tijd en plaats weer bij hen terug. Een menigte had zich verzameld en keek toe: voorbijgangers, joggers, zwemmers, surfers en degenen die gekomen waren om van de eenzaamheid te genieten. Ik hoorde iemand zeggen: "Zij is de heilige die omhelst." Iemand anders zei: "Ik zou de warmte van haar omhelzing wel willen ervaren." Spoedig werd het strand van de Gold Coast ook een darshanplaats, verlicht door de kleurschakeringen van de zonsondergang. Dit was niet nieuw. Als Amma reist, is iedere omgeving een darshanplaats voor haar, inclusief luchthavens, vliegtuigen in de lucht, wegbermen, parken en regeringsgebouwen over de hele wereld.

Toen de darshan aan zee voorbij was, maakte Amma een strandwandeling. Ineens kreeg ik een idee. Het was een spontane maar toch krachtige innerlijke roep. "Amma heeft al die tijd in het water gestaan. Is het zand nu niet geheiligd door haar heilige voeten?" Voordat Amma opzij kon gaan, bukte ik om een handvol zand van onder haar voeten te pakken. Ze begon naar de kust te lopen. Met eerbied groette ik het zand in mijn handen. Ik keek naar Amma terwijl ze verder over het strand sjokte met haar kinderen.

Het volgende moment draaide Amma zich naar me om en zei: "Zoon, je hebt zoveel liefde voor de handvol zand die je hebt gepakt van waar Amma stond. Maar je bent één ding vergeten, mijn zoon. Iedere korrel zand op deze aarde draagt de afdruk van Amma's voeten. Zij heeft op elke deeltje, ieder plekje gestapt. Daarom, mijn zoon, moet je ernaar streven om dezelfde liefde en eerbied die je voor die handvol zand hebt, te ontwikkelen voor alle objecten in de wereld, groot en klein, voor elk atoom."

Deze woorden zaten boordevol met haar gebruikelijke liefde en moederlijke genegenheid. Maar ze gingen mijn begrip te boven en drongen door tot de diepste ruimten in mijn hart. Ik beweer niet dat ik de betekenis van die openbaringen volledig heb begrepen, die even diepgaand waren als de woorden uit de geschriften. Amma's woorden waren diepgaand en krachtig. Zij waren in staat om mijn geest enige tijd tot rust te brengen. Ik ervoer een glimp van de waarheid van Amma's uitspraak: "Elke korrel zand op deze aarde draagt de afdruk van Amma's voeten. Zij heeft elk plekje betreden."

De *Purusha Sukta* uit de Rig Veda zegt:

> *ōm sahasraśīrṣā puruṣaḥ sahasrākśaḥ*
> *sahasrapāt*
> *sa bhūmim viśvatō*
> *vṛtvā'tyatiṣṭhaddaśāngulam*

> Duizend hoofden heeft de Purusha (het Kosmische Wezen), duizend ogen en duizend benen. Hij omhult de hele aarde vanaf alle kanten en gaat daaraan voorbij met een lengte van tien vingers. (10.90)

In dit vers wordt naar de transcendente totaliteit van de hele schepping (aarde) verwezen als *Purusha*, het Kosmische Wezen. Het woord *daśangulam* vertegenwoordigt de tien vingers. Men gelooft dat de afstand van de navel tot het hart tien vingers is. Het getal tien staat voor oneindigheid. Dat komt doordat men ervan uitgaat dat getallen maar tot negen gaan. Alles daarboven wordt als ontelbaar beschouwd.

Het hart is de zetel of de verblijfplaats van Atma of God. De navel symboliseert de oorsprong van de gemanifesteerde wereld. Daarom zien we een lotusbloem met een lange, soepele stengel uit de navel van Vishnu tevoorschijn komen. We zien ook dat Brahma, de schepper, op een lotus zit. De oneindige aard van het Kosmische Wezen wordt versluierd door de schittering van wereldse objecten.

Ik keek naar het buitengewone wonder dat Amma is, die zojuist in het kort de kostbare schat van juwelen van universele waarheid had onthuld en nu in totale onschuld aan het lachen en spelen was met haar kinderen, alsof ze zich van niets bewust was. Ik was met stomheid geslagen. Ik hield nog steeds de handvol zand vast die onder Amma's voeten vandaan kwam. Amma en haar kinderen waren nog steeds aan het wandelen. Op dat ogenblik draaide ze zich om en keek naar me. Ze had een ondeugende grijns op haar gezicht: "Zoon, waarom sta je daar nog? Kom vlug!" riep Amma.

Toen ik Amma hoorde roepen, draalde ik niet langer en rende naar haar toe. We moeten een lange weg afleggen voordat we die uitgestrekte hemel van bewustzijn bereiken die Amma belichaamt. Dus laten we luisteren naar Amma's oproep. We moeten met haar meelopen en proberen haar bij te houden.

"Iedere korrel zand op deze aarde draagt de afdruk van Amma's voeten Zij heeft elk deeltje betreden." Deze imposante uitspraak pulseert nog steeds met iedere hartslag van mij. Ik kan nog steeds de weerklank van die krachtige mantra horen. Het blijft weerklinken in mijn oren, mijn hart, ieder atoom.

Het enige echte verlangen van Amma, de Satguru, is dat al haar kinderen groeien om zoals haar te worden, zo uitgestrekt als de hemel, waarbij de staat van universeel moederschap wordt bereikt. Daarom vertelt Amma ons zonder ophouden: "Kinderen, jullie zijn de goddelijke essentie van Om. Word liefdevol en versmelt met het eeuwige Om."

6 | DE GURU IS DE BELICHAMING VAN GOD

God is transcendent bewustzijn. Die raadselach-tige kracht gaat het menselijk begrip te boven. De onvoorstelbare aard van God maakt het, vooral voor de zogenaamde atheïsten en agnosten, erg eenvoudig om het bestaan van een absolute kracht die het universum bestuurt te ontkennen. Aan de andere kant zijn er eminente wetenschappers die in het mysterie van het universum geloven. Albert Einstein is een van de meest gerespecteerde wetenschappers ooit. Van hem is de uitspraak: "Iedereen die zich serieus inzet voor de ontwik-keling van de wetenschap, raakt ervan overtuigd dat er in alle wetten van het universum een kracht aanwezig is die verreweg superieur is aan de mens en waarvoor wij ons met onze vermogens nederig moeten voelen."

Srinivasa Ramanujan, de wiskundige die als een genie wordt beschouwd, gaf eerlijk toe dat de Godin (Namagiri Devi) hem de meest inge-wikkelde mathematische formules openbaarde. Evenzo merkte Isaac Newton op: "Wat we weten is een druppel, wat we niet weten is een uitgestrekte oceaan. De bewonderenswaardige ordening en harmonie in het universum kan alleen zijn voortgekomen uit een plan van de Alwetende en Almachtige." Ik kan er nog veel meer citeren.

Een naaste toegewijde van Amma die werkt in het Los Alamos National Laboratory, VS, deelde onlangs iets met mij. Op een dag bezocht Leon M. Lederman, een deeltjesfysicus die de Nobelprijs voor Natuurkunde in 1988 had gewonnen, het Los Alamos Lab. Toen hij met een groep middelbare scholieren sprak, vroeg een van hen of hij een boodschap had voor de leerlingen. Hij antwoordde: "Ik weet het niet, ik weet het niet, ik weet het niet." Wat hij bedoelde was dat onze houding moet zijn dat we slechts weinig van alles in het universum weten. Hij benadrukte daarmee het belang van nederigheid. Hij heeft een boek geschreven dat *Symmetry and the Beautiful Universe* heet. Leon M. Lederman gelooft dat alles in het universum met elkaar samenhangt, van het kleinste atoom tot de indrukwekkende kosmos. Hij was degene die het woord Godsdeeltje voor het Higgs Boson heeft verzonnen.

Duizenden jaren vóór de opkomst van de moderne wetenschap en lang voordat de tegenwoordige wetenschappers zich aan de mysteries van het universum waagden, bewezen de hindoeïstische geschriften, in het bijzonder de Veda's en de vedantische geschriften, met onbetwistbare logische argumenten en analyse het bestaan van een superintelligentie, van God, het hoogste bewustzijn, de enige werkelijkheid achter de diversiteit van de wereld. Er moet een mysterieuze en tijdloze kracht zijn die de harmonieuze en ordelijke beweging van dit universum, dat bestaat in de eeuwig veranderende tijd, in stand houdt. De oude rishi's noemden dit *Brahman*, het Absolute Bewustzijn, het Hoogste Zelf, de ene zonder begin, midden en einde. Ze beschreven dat Transcendent Bewustzijn als 'kleiner dan het kleinste en groter dan het grootste,' voorbij woorden, geest en intellect. Hier is een Sanskriet vers uit de *Kathopanishad* dat dit aantoont:

aṇōraṇīyānmahatō mahīyānātmāsya
jantornihitō guhāyām
tamakratuḥ paśyati vītaśōkō dhātuḥ
prasādānmahimānamātmanaḥ

Subtieler dan het subtielste, groter dan het grootste, in het hart van ieder levend wezen

> verblijft de Atma. Hij die vrij van verlangen is, die geest en zintuigen onder controle heeft, ziet de glorie van de Atma en wordt bevrijd van verdriet. (1.2.20)

Het woord *Bharata* (India) betekent dat wat gewijd is aan het licht, de schittering van kennis. Nergens anders kan zo'n ecologische/ biologische diversiteit en grootsheid worden aangetroffen. De oude *rishi's*, geboren in India, onderzochten de mysteries van het universum en realiseerden de eenheid achter de wereld van verscheidenheid. Het oude India kende meesters op elk gebied van kennis, zoals te zien is in het volgende overzicht:

- Acharya Aryabhatt — Meester astronoom en wiskundige
- Bhaskaracharya — Genie in algebra
- Acharya Kanad — Expert in de theorie van het atoom
- Rishi Nagarjuna — Genie in de chemie
- Acharya Charak — Vader van de geneeskunde
- Sushrut — Vader van de plastische chirurgie
- Varahamihir — Eminent astroloog en astronoom
- Patanjali Maharshi — Voorstander van de wetenschap van Yoga

- Bhardwaj Maharshi — Pionier van de lucht-vaarttechnologie
- Kapila Maharshi — Vader van de kosmologie
- en vele anderen.

Zoals Amma zegt: "De rishi's beschouwden wetenschap en spiritualiteit nooit los van elkaar. Voor hen vulden wetenschap en spiritualiteit elkaar aan, waren ze niet tegenstrijdig."

Hoewel de oude zieners de ultieme werkelijkheid van het universum beschreven als naamloos, vormloos en onveranderlijk, dat wat zonder begin, midden of eind is, geloofden ze ook dat dit principe de essentie van alles in de schepping is, zowel het bewuste als het onbewuste. Daarom hebben ze de wereld door een leven van strenge *tapas* (ascese) bewezen dat ieder mens het vermogen heeft om deze inherente waarheid te realiseren. De *Kathopanishad* zegt:

> *yadā sarvē pramucyantē kāmā yē'sya hṛdi*
> *śritāḥ*
> *atha martyō'mṛtō bhavatyatra brahma*
> *samaśnutē*

> Als alle verlangens die vastzitten aan het hart van iemand, wegvallen, dan wordt de

sterveling onsterfelijk en bereikt hier (in dit leven) Brahman. (2.3.14)

Maar de Upanishad zegt ook duidelijk dat deze opperste kennis niet kan worden overgedragen door een minderwaardig iemand die alleen kennis uit boeken heeft verzameld.

> *na narēṇāvarēṇa prokta ēṣa suvijñēyo*
> *bahudhā cintyamānaḥ*
> *atha martyō'mṛtō bhavatyatra brahma*
> *samaśnutē*

> Wanneer deze Atma door iemand met een beperkt inzicht onderwezen wordt, kan hij niet echt worden gekend, zelfs als er vaak over wordt nagedacht. Er is geen manier (om Hem te kennen) dan dat het onderwezen wordt door een verlichte meester, want het is subtieler dan het subtielste en is voorbij argumenten.

> (1.2.8)

De *Upanishaden* zijn de woorden van gerealiseerde meesters. Deze zieners van de uiteindelijke Waarheid proberen het onbeschrijfelijke uit te drukken, dat wat voorbij het verstand en woorden gaat. Daarom moet de taal die ze gebruikten om hun subjectieve ervaring te delen wel subtiel van aard zijn. Het klinkt als een puzzel vol tegenstrijdigheden voor een niet verlicht persoon die niet gevestigd is in het hoogste Brahmanbewustzijn. Zulke mensen kunnen deze hoogste kennis over het Zelf, de kern van ons bestaan, niet overdragen. Maar er is geen sprake van twijfel of afwijking wanneer deze subtiele kennis wordt overgedragen door een kenner van het Zelf, iemand die voorbij alle dualiteit is. Dit is de strekking van het bovenstaande vers.

Religieuze teksten van alle geloven stellen God voor als een hoogst meedogend wezen, de belichaming van alle deugden, zoals zuivere liefde, zelfopoffering, onbaatzuchtigheid, voortreffelijkheid, nederigheid, eenvoud, onbevreesdheid enzovoorts.

Is het mogelijk om met zo'n God te praten? Kunnen we een God zoals beschreven in de geschriften zien, aanraken, voelen en ervaren? De zoektocht naar een God met deze eigenschappen bestaat al sinds mensenheugenis. En velen realiseerden zich in het heden en verleden dat de God naar wie ze op zoek waren, binnenin was, niet buiten. Het drong ook tot hen door dat het bewustzijn van deze oorspronkelijke waarheid je verandert in een verpersoonlijking van alle goddelijke eigenschappen van God zoals vermeld in de hindoeïstische geschriften. Toen deze verlichte meesters het mysterie van het bestaan hadden onthuld, deelden ze deze kostbare kennis met degenen die op zoek waren naar de waarheid over God. Daardoor riepen ze de traditie van een guru-leerlingrelatie in het leven. Dit gaat door tot op de dag van vandaag en zal ook in de toekomst doorgaan. In de aanwezigheid van deze buitengewone wezens krijgt men een glimp van God. Iemand die een open geest heeft en niet oordeelt, die serieus de werkelijkheid onderzoekt, kan de glorie van God zien, de onbeperkte liefde, de compassie en andere deugden van God.

We noemen een natuurkundige zo omdat hij een diepgaande kennis van de natuurkunde, van de interactie tussen materie en energie heeft. Een getalenteerd acteur, zanger of schilder staat bekend als een begaafde kunstenaar. Op dezelfde wijze kennen we deugdzame en gezegende dokters, leraren, leiders enzovoorts. Herkennen en waarderen we hen niet? Jazeker, dat doen we.

Eén buitengewoon getalenteerde kunstenaar, wetenschapper of leraar kan een ander buitengewoon talent of leerling opleiden en vormen. We hebben zoveel persoonlijkheden die uitblonken op elk gebied en toen hun kennis of talent doorgaven. Het heeft alles te maken met het kennen van de subtiele aspecten van die kunstvorm of die wetenschap. Zonder aan de oppervlakte of periferie te blijven kozen zij ervoor diep in te gaan op de kennis van dat onderwerp. In bepaalde mate identificeren ze zich en worden één met die kennis. Een acteur die bijvoorbeeld de rol van een inheemse persoon gaat spelen, moet zich de gewoontes en het leven van zo iemand in ieder geval tot op zekere hoogte eigen maken, anders zal hij er niet in slagen het karakter op een gevoelige en krachtige manier neer te zetten. De acteur moet een bepaalde mate van vereenzelviging met de persoonlijkheid van degene die hij speelt hebben. Hetzelfde zien we bij zangers en musici die goddelijk kunnen zingen en spelen, waardoor hun publiek uren achtereen gefascineerd luistert. Dit is mogelijk omdat ze de ziel van de kunstvorm realiseren. Het is niet ongebruikelijk om deze uitzonderlijk getalenteerde mensen als een incarnatie van dat vakgebied of die kunstvorm te beschouwen. Op dezelfde manier wordt iemand die het geheel, Brahman, kent één met Dat, de absolute werkelijkheid. Daarom staat er in de *Mundaka Upanishad:*

> *sa yō ha vai tat paramam brahma vēda*
> *brahmaiva bhavati nāsyābrahmavitkulē*
> *bhavati*
> *tarati śōkam tarati pāpmānam*
> *guhāgranthibhyō vimuktō'mṛtō bhavati*

> Hij die de hoogste Brahman kent, wordt echt Brahman. En in zijn nageslacht zal niemand die Brahman niet kent geboren worden. Hij overstijgt verdriet en deugd en kwaad en wordt onsterfelijk, bevrijd van de knopen in het hart. (3.2.9)

Een volmaakte spirituele meester die permanent gevestigd is in die staat van eenheid, de onveranderlijke waarheid van het bestaan, is feitelijk God, het buitengewone in een gewone menselijke vorm. Door hen te observeren zullen we begrijpen dat God bestaat. Door hen kunnen we Gods glorie zien, Gods kracht voelen en Gods schoonheid ervaren. Een dergelijk spiritueel wezen dient als brug, als een verbinding tussen God en de wereld, een feilloze contactpersoon tussen de wereld van namen en vormen en het naamloze en vormloze Allerhoogste Wezen. Alleen zo iemand kan anderen over het pad naar God leiden.

Amma geeft een treffend voorbeeld. "Een vreemdeling bezoekt een huis waar een vrouw en haar zeven jaar oude kind alleen thuis waren. De echtgenoot was weg om een paar boodschappen te doen. De vrouw voelt zich een beetje ongemakkelijk om zich aan een vreemde te tonen. Wat is nu de gemakkelijkste en effectiefste manier om deze situatie aan te pakken? Ze kan in haar kamer blijven en haar zoon naar de man sturen om erachter te komen waarom hij langskomt. De jongen kan vrijuit bewegen tussen de kamer van zijn moeder en de woonkamer waar de vreemdeling zit om hun boodschappen over te brengen. Op dezelfde manier heeft de guru de vrijheid om tussen de empirische wereld van gebeurtenissen en de onbekende verblijfplaats van God te bewegen. De Satguru is de brug die ons verbindt met het hoogste. Hij of zij is bekend met beide werelden."

Voor een leerling is er geen andere God dan zijn guru.

De Svetasvatara Upanishad stelt expliciet:

yasya dēvē parābhaktiḥ yathā dēvē tathā gurau
tasyaite kathitā hyarthāḥ prakāśante mahātmanaḥ

Wanneer deze waarheden onderwezen worden, stralen ze alleen in een grote ziel die de hoogste toewijding voor God heeft en een gelijke mate van toewijding voor de guru. (6.23)

Oneindig is de kracht van een echte spirituele meester die altijd gevestigd is in de ultieme staat van Zelfrealisatie. De echte vraag is hoe kunnen we een dergelijke guru ontdekken? Op het slagveld van Kurukshetra stelde Arjuna dezelfde vraag aan Heer Krishna.

sthita-prajñasya kā bhāṣā samādhi-sthasya keśava
sthita-dhīḥ kim prabhāṣēta kim āsīta vrajēta kim

Heer, wat zijn de kenmerken van iemand die altijd gevestigd is in de staat van het hoogste bewustzijn? Hoe praat een verlichte? Hoe zit hij? Hoe loopt hij? (2.54)

In de daaropvolgende achttien verzen, laat Sri
Krishna zijn licht schijnen op achttien duidelijke
aanwijzingen om een *sthitaprajna*, iemand die
verblijft in de verheven staat van zuiver bewustzijn,
te herkennen.

Deze lijst somt de kenmerken van een volmaakte ziel op, zoals beschreven door Heer
Krishna in de *Bhagavad Gita*.

1. De *sthitaprajna's* overstijgen alle conflicten
   van paren van tegenstellingen (*dvandatita*). Ze
   zijn volledig vrij van alle voorkeur en afkeer,
   gehechtheden en aversie. Ze kennen geen
   besef van ik of mijn. Ze accepteren in gelijke
   mate alle tegenovergestelde ervaringen van het
   leven, zoals pijn en plezier, deugd en ondeugd,
   eer en oneer en goed en kwaad.

2. Het leven van een *sthitaprajna* is een volmaakt
   voorbeeld van de hoogste werkelijkheid van de
   Atma, het Zelf, de potentiële goddelijkheid
   van alle wezens. In woord en daad drukt de
   sthitaprajna harmonie en eenheid van alle
   bestaan uit.

3. Ongeacht de veranderende uiterlijke omstandigheden is de *sthitaprajna* eeuwig gevestigd
   in de onafgebroken staat van gelukzaligheid,

de aard van het innerlijke Zelf. Niets tast de zuivere kennis of *jnana* van een *sthitaprajna* aan.

4. *Sthitaprajna's* zijn het buitengewone in een gewone menselijke gedaante. Omdat ze ook in deze wereld leven, gedragen ze zich misschien als gewone mensen, toch zijn ze zich voortdurend bewust van de absolute werkelijkheid, de hoogste eenheid.

5. Omdat ze volkomen zonder ego zijn, beschouwen *sthitaprajna's* zich niet als degene die handelt, ze maken nergens aanspraak op. Ze handelen misschien wel, maar die handelingen binden hen niet, omdat ze zich niet identificeren met hun lichaam en geest.

6. *Sthitaprajna's* zijn altijd kalm en zelfverzekerd, vredig en gelukkig. Zelfs te midden van totale chaos blijven ze onverstoorbaar.

7. De kennis van *sthitaprajna's* komt voort uit hun bewustzijn van de eenheid van de totaliteit, het bestaan. Hun wijsheid transcendeert alle vormen van aanbidding, plaatsen van aanbidding, spirituele oefeningen en geschriften.

8. Omdat *sthitaprajna's* één zijn met het universele bewustzijn is hun vrijheid oneindig. Daarom hoeven ze zich niet te conformeren aan de gewoontes en gebruiken van een maatschappij, aan tradities, religieuze voorschriften, etiquette enzovoorts. Ze volgen ze misschien wel, maar de gebruiken zullen hen op geen enkele manier binden. Tegelijkertijd zullen de *sthitaprajna's* hun vrijheid niet opdringen aan wie dan ook, noch zullen ze de regels en voorschriften of gedragscodes zoals vastgelegd door de maatschappij, verstoren.

9. *Sthitaprajna's* zijn van iedereen. Ze zijn van de wereld, van alle landen, alle culturen, van de hele schepping. Ze bestaan voor het welzijn van iedereen, in alle tijden. Hun ware aard is liefde en compassie. De sthitaprjajna's beschouwen het hele universum als hun verblijfplaats.

10. *Sthitaprajna's* hebben helemaal geen verwachtingen. Zij zijn de leiders van het universum omdat ze geen verlangens hebben en volledige controle hebben.

11. *Sthitaprajna's* zijn niet gezegend, ze zijn zelf een zegen. Zij zijn de belichaming van

zuiverheid en de verpersoonlijking van de hoogste kennis. Ze zijn blijvend gevestigd in de hoogste spirituele ervaring, *sahaja samadhi*, vanwaar geen terugkeer mogelijk is.

12. *Sthitaprajna's* zijn niet noodzakelijkerwijs mensen van woorden maar van daden. Ze zijn het volmaakte rolmodel voor alle mensen van alle rangen en standen.

13. Het bestaan van de *sthitaprajna's* in de wereld is op de grens van de empirische wereld van gebeurtenissen en het hoogste bewustzijn.

14. Bij *sthitaprajna's* zien we alle spirituele wegen samenkomen. Zij zijn volmaakte *bhakta's* (toegewijden), *karma yogi's* (iemand die het pad van onbaatzuchtig handelen volgt) en *jnani's*, de belichaming van *Advaita Vedanta* (non-duale filosofie). Afhankelijk van de omstandigheden en behoeften kunnen ze alles zijn wat ze wensen.

15. Omdat *sthitaprajna's* volledig gevestigd zijn in een staat van volmaakt onpartijdige visie en onthechting, hebben zij geen vrienden of vijanden. Altijd tevreden in hun eigen Zelf zien ze degenen die hen beledigen en verheerlijken, als gelijk.

16. Omdat ze de absolute Brahman hebben gerealiseerd, de ene zonder begin, midden en eind, het nooit geboren en onsterfelijke Zelf, kennen *sthitaprajna's* totaal geen angst.

17. Voor *sthitaprajna's* heeft God een vorm en is hij vormloos, beperkt en zonder beperkingen, immanent en transcendent.

18. *Sthitaprajna's* hechten evenveel belang aan alle spirituele paden. Omdat alles is doordrongen van Godsbewustzijn, is niets irrelevant of onbelangrijk. Voor hen is er geen materie, niets is levenloos omdat alleen God bestaat, alleen bewustzijn is.

Vers 18 van het 5de hoofdstuk van de *Bhagavad Gita* zegt:

> *vidyā-vinaya-sampannē brāhmaṇē gavi hastini*
> *śuni caiva śva-pāke ca paṇḍitāḥ sama-darśinaḥ*

De kenners van het Zelf kijken met
eenzelfde blik naar een brahmaan die
begiftigd is met wijsheid en nederigheid,
een koe, een olifant, een hond of een paria.

Sta me toe een gebeurtenis uit Amma's leven te delen om de diepte van dit vers te illustreren. Ik was zelf getuige van deze onvergelijkelijke daad van compassie op de allereerste dag dat ik Amma ontmoette. Dattan, een melaatse, kwam regelmatig voor darshan. Het was zo ontroerend en tegelijkertijd ontzagwekkend om te zien hoe Amma hem overlaadde met haar liefde en compassie, ook al was zijn lichaam volledig mismaakt en bedekt met pus en bloederige wonden. Omdat Amma iedereen als haar kind ziet, omhelsde ze hem met dezelfde liefde en compassie als ze bij iedereen deed, misschien zelfs wel meer. Terwijl honderden toegewijden toekeken, likte Amma zijn etterende wonden met haar tong schoon. Voor de toeschouwers was deze gebeurtenis zowel afschuwelijk als diep ontroerend. Na verloop van tijd was Dattan volledig genezen. Zijn enige medicijn was Amma's speeksel. Al zijn wonden verdwenen en alleen zijn littekens bleven zichtbaar.

Avatars of incarnaties van God zoals Amma zijn zoals de wind. Ze waaien overal: in de bergen, door de dalen, zowel over de Ganges als over modderige en stilstaande wateren, zowel over chique gebouwen als krottenwijken, zowel over geurige als stekelige bloemen en zowel over deugdzame mensen als mensen met ondeugden. De vraag of iemand het waard is of niet speelt absoluut geen rol.

Een Satguru staat ook bekend als een *avatar* van God. In feite is een echte Satguru een avatar. Ik heb er geen twijfel over dat Amma een unieke incarnatie van God is. Ik geloof dat alle toegewijden die Amma's leven en haar daden goed observeren er hetzelfde over denken.

Bestaat er verschil tussen een gerealiseerde ziel en een avatar, vraag je je misschien af?

Vanaf het niveau van de hoogste spirituele ervaring bestaat er geen verschil. Ze zijn allebei eeuwig opgenomen in de staat van *sat-chit-ananda*. Maar objectief gezien is er verschil. Het fundamentele verschil tussen een *avatar* en een verlicht iemand is dat eerstgenoemde oneindig veel compassie, liefde, onbaatzuchtigheid, geduld, vergevingsgezindheid en zelfopoffering kent. Hun hele leven staat in het teken van het vooruithelpen van de mensheid. Ze leiden spirituele leerlingen die naar God op zoek zijn, naar het doel. In een zin samengevat: "een avatar is de belichaming van compassie."

In tegenstelling hiermee houdt een verlichte ziel, hoewel hij zich in dezelfde verheven staat van eenheid bevindt en opgegaan is in de allerhoogste gelukzaligheid, zich niet bezig met de wereld en degenen die daarin verloren ronddwalen. In de jaren 80 bood Amma ons veel mogelijkheden om in de aanwezigheid van dergelijke verlichte zielen te zijn. Hoewel hun eenheid met het allerhoogste erg duidelijk en voelbaar was, stonden ze helemaal los van de alledaagse gebeurtenissen in de wereld. Zij gaven niets om wie of wat dan ook, ze waren zich totaal niet bewust van hun lichamelijke bestaan en hun omgeving, noch van de pijn en het lijden van anderen. Dat liet ons duidelijk het contrast tussen een avatar en een verlicht iemand zien. Hun bewustzijnsniveau en realisatie waren hetzelfde, maar de manier waarop ze in de wereld stonden leek totaal verschillend.

Alleen verlichte zielen hebben de innerlijke kracht om een keuze te maken. Omdat ze één zijn met het oneindige, zijn hun keuzes ook oneindig. Zij kennen geen barrières.

In de jaren 70, vlak nadat Amma Devi Bhava begon te manifesteren, eiste haar vader Sugunanandan, dat Devi het lichaam van zijn dochter moest verlaten, want hij was ervan overtuigd dat zijn dochter bezeten was door een goddelijk wezen. Natuurlijk was hij bezorgd over haar fysieke en mentale welzijn. Hij wilde dat ze een normaal leven zou leiden. Dus ging hij de tempel in tijdens Devi Bhava en stond erop dat Devi haar greep op het lichaam van zijn dochter los zou laten. Amma antwoordde: "Als ik je je dochter teruggeef, zal ze niets meer dan een lijk zijn en zal ze spoedig vergaan zodat je ze zult moeten begraven." Niettemin bleef Sugunanandan onvermurwbaar. Hij herhaalde zijn verzoek met grote intensiteit. Uiteindelijk zei Amma: "In dat geval, hier is je dochter. Neem haar mee!" Ogenblikkelijk viel Amma ter plekke neer. Haar lichaam werd stijf, haar hart hiel op met kloppen en er was geen ademhaling meer. Ze was dood in ieder opzicht.

Vol spijt en hevig in tranen smeekte Sugunanandan de Goddelijke Moeder om zijn dochter weer tot leven te wekken. De toegewijden die voor de Bhava Darshan waren gekomen, waren overmand door verdriet en baden hartstochtelijk mee met Sugunanandan. Acht uur ging voorbij voordat er een miniem teken van leven in haar lichaam ontstond en ze weer bij bewustzijn kwam.

Deze gebeurtenis laat zien hoe een gerealiseerde ziel bewust kan sterven en het lichaam weer bewust binnen kan gaan. Terwijl wij allemaal onbewust doodgaan, kunnen we, als we eenmaal geleerd hebben hoe we moeten sterven, onze geboorte en dood zelf kiezen. We hebben het helemaal zelf in de hand. Het lichaam is het object, terwijl de Atma, oftewel het Zelf, het subject en zuiver bewustzijn is.

Amma zegt: "We horen mensen vaak praten over 'de pijn van het sterven.' Nergens ter wereld horen we iemand zeggen, 'de gelukzaligheid van het sterven'. Als het ego volledig is verwijderd, kunnen we ons sterven vieren zoals we onze verjaardag vieren. Als we bewust sterven, weten we dat de dood slechts de dood van het lichaam is. Als het ego gestorven is, ervaren we onvoorwaardelijke vrijheid."

Het lichaam (het object) is een verzameling van de vijf elementen, ruimte, lucht, vuur, water en aarde. Het kent zijn eigen beperkingen en is gedoemd te veranderen, te vergaan en tot zijn originele staat terug te keren. Maar het subject, de Atma, het Zelf, de zuivere energie waaruit we bestaan, is anders. Het is hetzelfde als alles wat we horen, aanraken, zien, proeven en ruiken, al het bewuste en onbewuste, al het grove en subtiele, alle feiten en ook het mysterie. Als we deze inherente eenheid realiseren, zijn we inderdaad één met het universum. We zijn het universum. Het is als een zaadje dat een boom wordt. In werkelijkheid is het zaadje een boom in slapende toestand. Dit bewustzijn transformeert en onthult het onbegrensde potentieel in ons, de onmetelijke energie die we zijn. Deze openbaring van onze ware aard opent de deur naar oneindigheid.

Wij mensen beweren dat we een grote vrijheid kennen. De realiteit is echter dat we gebonden zijn door talloze beperkingen. De vrije wil en de keuzevrijheid die we denken te hebben, bestaat alleen in onze dromen. In de meeste omstandigheden gedragen we ons als een koe die met een touw om zijn nek aan een boom is vastgemaakt. Dus als je vraagt: "Hebben we een vrije wil?" Ja, dat hebben we, maar alleen zoveel als een aangelijnde koe heeft.

Een leerling vroeg eens aan zijn guru: "Meester, hoeveel keuzevrijheid heb ik?"

De Meester droeg de leerling op om een van zijn benen op te tillen. De leerling tilde zijn linkerbeen op. "Til nu ook je rechterbeen op," zei de meester.

"Hoe kan dat nu? Ik zal mijn evenwicht verliezen en vallen, nietwaar?" antwoordde de leerling.

De meester glimlachte en legde uit: "Je hebt gelijk. Dus je keuzevrijheid eindigt bij het optillen van één been. Voordat je een been optilt, heb je de vrijheid om het rechter- of het linkerbeen op te tillen. Zodra je echter een van je benen hebt opgetild, eindigt je vrijheid."

We kunnen verwijzingen vinden naar dieren- offers in de Veda's en andere oude hindoeïstische geschriften. Het Sanskriet woord waarmee dit wordt aangeduid is *paśu*. Hoewel de meest gangbare betekenis van dit woord 'koe' is, betekent het ook vee of dier in het algemeen. De etymologische oorsprong van het woord lijkt de Sanskriet wortel *paś* te zijn, dat touw betekent, symbool voor gebondenheid. Dus de echte betekenis van het gebruikte *paś* herinnert ons eraan dat we allemaal gevangenen van het ego zijn, dat we allemaal door onwetendheid gebonden zijn. De teugels van ons leven zijn in handen van ons ego, ons gebrek aan echte kennis en bewustzijn. Het geeft aan dat we in plaats van een leven te leiden dat gevestigd is in ons ware zijn, een volledig zelfzuchtig leven leiden, dat gebonden is door onze lagere emoties. Dus als de *rishi's* ons vertelden om *paśu* te offeren, bedoelden ze om voorbij de dierlijke neigingen te gaan, deze te transcenderen, het ego los te laten en vrij te zijn.

Er is in ons leven een voortdurend gevecht tussen ons verleden, 'wat we waren' en de toekomst 'wat we willen worden'. Zo wordt het ego gevormd. Tussen het verleden en de toekomst is het huidige moment, het verblijf van echte vrede en geluk. Helaas missen we dit moment voortdurend en worden we onophoudelijk aangetrokken door de toekomst, naar het verlangen naar *karma phala* (het resultaat van onze handelingen). Deze ervaring is erg intens en hardnekkig. We voelen ons als een koe met een touw om zijn nek, die onophoudelijk trekt aan degene die het touw vasthoudt. Als dit gevecht stopt of als dit wordt opgegeven, worden we volledig vrij.

Wat maakt ons beperkt, eindig en gebonden? Onze verkeerde opvattingen over het leven, de wereld, onze relaties met mensen, objecten en ons eigen fysieke bestaan. Deze fundamentele misvatting genereert een keten van domme gehechtheid aan alles en iedereen met wie we in contact komen. Amma zegt: "Als we het leven bestempelen als 'mijn leven', 'jouw leven', 'zijn of haar leven' enzovoorts, creëren we een verdeling, die in werkelijkheid niet bestaat. Alle afbakeningen zitten uitsluitend in je geest en gedachten. Zij zijn slechts ideeën van de geest. In werkelijkheid is het leven het totaal van bewustzijn."

Het leven is uiterst kostbaar voor ieder van ons. Dit is een onbetwistbare waarheid. Maar wat weten we eigenlijk van het leven? Weten we iets over zijn grotere dimensies, zijn oneindige natuur? Als we 'mijn leven' zeggen, denken we er dan ooit aan dat we slechts verwijzen naar een 'stuk hemel' dat we zien door een kier van onze geest? Natuurlijk is dat kleine stukje een onderdeel van de eindeloze hemel. Het deel dat we waarnemen is zeker één met de hemel. Dat realiseren en leven in het besef van het totaal is wat een Satguru ons helpt te ontdekken.

Een volmaakte meester heeft alle misvattingen getranscendeerd die gecreëerd worden door het beperkte ego, het lichaam, de geest inclusief de emoties, de wereld en de objecten van de wereld. Zijn bewustzijnsniveau heeft de top bereikt. Hij is één met de oneindige hemel, het totale bestaan. Daarom heeft hij het innerlijke vermogen om te kiezen omdat de vrijheid die hij geniet consistent en zuiver is.

De ultieme eenheid met God is zo overweldigend dat we de neiging hebben de wereld en ons eigen fysieke bestaan in die onvergelijkbare gelukzaligheid te vergeten. Een verlicht iemand kan de wereld helemaal vergeten en zich geen zorgen maken over het lijden van mensen. Misschien helpen en begeleiden ze geenmensen die in het duister rondtasten of op zoek zijn naar God en nemen ze daar geen verantwoordelijkheid voor. Ze kunnen ook immens meedogend zijn en in de wereld zijn, bij de mensen en ze begeleiden en verheffen. Een dergelijk fenomeen staat bekend als een avatar, een Satguru.

Laat me enkele gebeurtenissen met u delen waarvan ik zeker ben dat ze u zullen helpen om te begrijpen wat ik bedoel.

Ottur Unni Nambudirippad was een eminente geleerde, dichter en vurig toegewijde van Heer Krishna. Hij werd een permanente bewoner van

Amma's ashram in 1983. Hij was op dat moment vijfentachtig jaar. Hij was als een klein kind voor Amma. Amma noemde hem liefdevol 'Unni Kannan' of Ottur-*mon* (zoon). Otturs enige wens en zijn enige gebed voor Amma was: "Amma, als ik mijn laatste adem uitblaas, laat mijn hoofd dan op uw schoot rusten. Dit is mijn enige wens, mijn enige gebed. Moeder, laat me alstublieft sterven met mijn hoofd op uw schoot." Dit gebed herhaalde hij hartstochtelijk iedere keer als hij Amma ontmoette.

Vlak voor Amma's derde wereldtoer in 1989 verslechterde Otturs gezondheid erg. Zijn lichamelijke toestand werd buitengewoon precair en hij was volledig bedlegerig. Iedereen, ook de dokters, dacht dat hij ging sterven. Zijn enige angst was dat hij zou sterven als Amma in het buitenland was.

Op een dag maakte Ottur zijn angst kenbaar aan Amma dat hij zou sterven voordat Amma terugkeerde van haar Amerikaanse tournee en dat ze daardoor zijn oprechte verlangen om in Amma's armen te sterven niet kon vervullen. Amma streelde hem vol liefde en antwoordde met grote stelligheid: "Nee, mijn zoon, dat zal niet gebeuren! Je kunt erop rekenen dat je je lichaam pas zal verlaten als Amma is teruggekeerd." Dit was een enorme troost voor Ottur omdat deze verzekering uit Amma's eigen mond kwam. Ottur geloofde stellig dat de dood hem niet kon raken voordat Amma terugkwam.

Dit is precies wat er gebeurde op vrijdagochtend 25 augustus zoals Amma eerder had voorspeld: Ottur blies zijn laatste adem uit met zijn hoofd op Amma's schoot. Het punt is dat Amma toen Ottur bang was dat hij zou sterven voordat Amma terug was van haar buitenlandse reis, hem zo nadrukkelijk zei: "Nee mijn zoon, dat zal niet gebeuren! Twijfel er niet aan dat je je lichaam pas na Amma's terugkomst zult verlaten." De vraag is, wie anders dan een Satguru zoals Amma, die de dood heeft overwonnen en voorbij geboorte en dood is gegaan, kan de dood opdragen om haar zoon niet aan te raken zonder haar toestemming?

Een ander verbazingwekkend feit van Otturs leven is dat hij vijfentwintig jaar voordat Amma werd geboren een lied had geschreven. De relevante delen van het gedicht luiden:

kaṇṇande puṇya nāma varṇaṅgaḷ
karṇattilennu kēḷkkum ñān

> Wanneer zal ik de veelbelovende namen van Krishna horen?

Het laatste couplet van het lied is als volgt:

āṭṭavum kazhiññammatan maṭi
taṭṭilēkennu vīzhum ñān
vīṇumammatan śītalānkattil
sānandam ennurangum ñān

> Wanneer val ik uiteindelijk in de schoot van mijn Moeder, als het toneelstuk is afgelopen? Als ik in mijn Moeders schoot val, wanneer zal ik dan gelukzalig slapen?

Zoals de grote toegewijde van de Heer wenste, verliet hij zijn lichaam terwijl zijn hoofd in Amma's schoot rustte en zag de prachtige vorm van zijn geliefde Krishna in haar gelaat.

Het laat zien hoe een incarnatie van God, zoals Amma, de oprechte en eerlijke gebeden van een echte toegewijde vervult.

Er is een voorval uit het leven van de grote vrouwelijke heilige Mira Bai, die nog steeds gerespecteerd wordt voor haar onvoorwaardelijke liefde en overgave aan Krishna. Een van de koningen van Mewar (in het huidige Rajasthan) werd erg jaloers op de populariteit van Mira en besloot haar te vergiftigen. Blij accepteerde ze de kop met vergif en dronk het op nadat ze het eerst aan Krishna had geofferd, wat haar gewoonte was. Er gebeurde iets geweldigs. Het gif dat Mira Bai dronk werd onschuldige nectar. Het had geen enkel effect op haar, maar het beeld van Krishna begon door het gif van kleur te veranderen.

Er was eens een hond die dicht bij Amma stond. Hij was als een trouwe bediende en bewaker voor haar. Begin jaren 80 kreeg de hond hondsdolheid en werd aan een boom vastgebonden. Ook al probeerden wij Amma allemaal tegen te houden, zij ging naar de hond en gaf hem uit eigen handen te eten, streelde en kuste hem. We wilden dat Amma inentingen tegen hondsdolheid zou nemen maar Amma zei: "Geen probleem. Er zal niets gebeuren."

Deze gebeurtenissen laten de eenheid van deze grote meesters met het universum zien, met God, met de oneindigheid.

Voor mensen zoals wij, betekent liefde persoonlijke relaties. Maar Liefde als universeel principe is onpersoonlijk. Het gaat voorbij alle grenzen van religie, nationaliteit, taal, mensheid, dieren, planten enzovoorts. Het transcendeert alles, alle namen en vormen. Het wordt vormloos. Als je in die toestand verkeert, kan niets je beïnvloeden, omdat je helemaal niet met je lichaam bent geïdentificeerd.

Toen Amma in het begin alle mensen die haar op kwamen zoeken begon te omhelzen, ontstond er veel protest en afkeuring bij de dorpelingen en bij haar eigen familie. Aan de ene kant was de afkeur van de familie begrijpelijk omdat het totaal niet in de cultuur paste dat een jong meisje mensen van alle leeftijden omhelst, of het nu mannen of vrouwen zijn. Een van de grootste zorgen was dat niemand van een fatsoenlijke familie met een huwelijksaanzoek voor de meisjes in het gezin zou komen.

Toen al hun pogingen om Amma van haar vreemde gedrag te weerhouden mislukten, sloot een van haar neven haar op in een kamer, zwaaide met een mes en dreigde haar om het leven te brengen als ze niet zou ophouden met het omhelzen van mensen. Amma was onverstoorbaar en kwam geen millimeter tegemoet aan het verzoek van haar neef. Ze zei hem kalm: "Dood me maar als je dat wenst. Je kunt alleen het lichaam doden.

De ziel is onvergankelijk. Wat er ook gebeurt, ik ga onder geen beding mijn gedrag veranderen. Dit is inderdaad mijn *dharma*. Ik wil mijn leven offeren aan de wereld, om de lijdende mensen hulp en troost te bieden zolang ik leef. Ik geef me volledig over aan dit doel."

Stel je de wereld van vandaag voor als Amma bang was geworden en toegegeven had aan hun dreigementen. Een paar woorden maar: "Ja, ik zal je gehoorzamen." zou de geschiedenis hebben veranderd. Toen de neef Amma's wilskracht zag, haar onbevreesdheid en de kracht van haar woorden, was hij van zijn stuk gebracht en verliet ontzettend geïrriteerd de kamer.

Alleen een echte spirituele meester zoals Amma, die één is met het universum, die zich volledig bewust is van de mysteries van het leven, die totaal onbevreesd is, die gevestigd is in zuivere onvoorwaardelijke liefde, kan ons bij dit proces hulp bieden.

Amma koos er uit zuivere compassie voor om in deze wereld te zijn en mensen te leiden van 'Onwaarheid naar Waarheid, van Duisternis naar Licht en van Dood naar Onsterfelijkheid'. Zoals in de geschriften staat, is een dergelijke grote meester, een Satguru die Brahman, de uiteindelijke realiteit, kent , waarlijk Brahman zelf. Zij zijn God in een lichaam.

7 | EEN HART ZO UITGESTREKT ALS DE HEMEL

De wereld kent maar één soort liefde, beter bekend als gehechtheid. Hoewel deze emotie algemeen als liefde wordt geïnterpreteerd, is het geen echte liefde, omdat gehechtheid zich in tegenovergestelde richting kan bewegen en ieder moment kan veranderen in afkeer. Met andere woorden, gehechtheid wat aantrekkingskracht tot

een persoon of object is, is als een masker. Onder het masker verschuilt zich afkeer of weerzin.

Vandaag hou je van iemand omdat hij of zij je bevalt. Als dezelfde persoon je morgen bekritiseert, verandert je liefde in haat. In principe mag je een persoon of voorwerp of je hebt er een hekel aan. Dus al onze emoties vallen in twee categorieën: mogen en niet mogen. Als je iemand mag, voel je je aangetrokken tot of gehecht aan hem en op een ander moment, heeft afkeer de overhand.

Onze verkeerde waarneming doet ons geloven dat liefde niet mogelijk is zonder twee entiteiten. Liefde is zowel met vorm als zonder vorm. De twee kunnen samensmelten tot één en uiteindelijk alle dualiteit transcenderen. In de *Bhakti Sutra's* van Narada zegt de wijze:

sā tvasmin parama prēma rūpa

Bhakti is absolute liefde voor de Allerhoogste. (2)

Dergelijke bhakti of zuivere liefde is geen emotie. Het is onsterfelijk van aard, terwijl emoties komen en gaan, veranderlijk en vluchtig.

We kunnen niet zonder reden van iemand of iets houden. "Ik hou van hem omdat hij zo

knap is." "Zij is mijn baas, daarom mag ik haar."
Emoties zijn tijdelijk. Als een goede vriend of
familielid sterft, voel je je enige tijd verdrietig.
Dan vergeet je hem. Mensen die een scheiding
meemaken, ervaren enige tijd veel mentale pijn,
vervolgens gaan ze een nieuwe relatie aan.

De Bhagavad Gita zegt:

> *mātrā-sparśās tu kauntēya śītoṣṇa-sukha-*
> *duḥkha-dāḥ*
> *āgamāpāyino'nityās tans-titikṣasva bhārata*

> Ideeën over hitte en kou, pijn en vreugde
> worden slechts geboren, zoon van Kunti,
> door contact van de zintuigen met hun
> objecten. Ze hebben een begin en een
> einde. Zij zijn vergankelijk van aard.
> Verdraag ze geduldig, afstammeling van
> Bharata.   (2.14)

Echte toewijding, liefde om de liefde op zich, gaat
verder dan de alledaagse wereld van voorkeur
en afkeer. Het is jezelf, je ego, verliezen in de
uitgestrekte oneindigheid van God. Het volgende
gedicht geschreven door Mira Bai, de onovertrof-
fen toegewijde van Heer Krishna, gunt ons een
glimp van de hoogste vorm van liefde:

Onverbrekelijk, O Heer,
Is de liefde
Die mij met U verbindt:
Als een diamant
Breekt het de hamer die erop slaat.

Mijn hart gaat in U op
Zoals de glans in het goud.
Zoals de lotus in zijn water woont,
Woon ik in U.

Zoals de vogel
Die de hele nacht
Naar de voorbijgaande maan staart,
Heb ik mij verloren en woon in U.

Het doet me denken aan Amma's woorden: "Overal in de wereld zeggen mensen: 'ik hou van je'. Het klinkt alsof liefde gevangen zit tussen ik en jou. We moeten aan een reis beginnen van 'ik hou van jou' naar 'ik ben liefde', omdat dat de waarheid van ons bestaan is. We zijn de vormloze liefde, de belichaming van liefde."

Amma zegt: "Als je gevestigd bent in liefde, is die staat van liefde nogal onpersoonlijk. In die staat is je houding niet: 'ik hou van deze persoon' of 'ik hou van die persoon'." Kijk naar Amma

om een dieper begrip van dit concept te krijgen.
Ze heeft eenvoudigweg lief. Ze is liefde. Amma
is altijd beschikbaar. Zoals Amma het zegt: "Als
een rivier stroom ik gewoon."

Voor een gerealiseerde meester als Amma, die
permanent gevestigd is in een staat van zuiver
bewustzijn, is de gelukzaligheid van het bestaan
haar ware aard en de hemel van bewustzijn haar
natuurlijke verblijfplaats. Relaties zoals tussen
moeder en kind, guru en leerling, vriend en vijand
bestaan niet in die staat van bewustzijn. De enige
ervaring is *Shivoham*: Ik ben Shiva, het onvoorwaardelijke bewustzijn. De beroemde woorden
van Sri Adi Shankaracharya's *Nirvānashatkam*,
een samenvatting van de hoogste ervaring, komen
bij me op:

> *na bandhūr na mitram gururnaiva śiṣyaḥ*
> *cidānanda rūpaḥ śivō'ham śivō'ham*

> Ik heb geen familie of vrienden, noch guru
> of leerling
> Ik ben zuiver bewustzijn en gelukzaligheid.
> Ik ben Shiva! Ik ben Shiva! (5)

De geest en het lichaam, gehechtheid en bevrijding, handelen en niet-handelen bestaan allemaal

143

alleen op empirisch niveau. Voorbij daaraan is ondeelbaar bewustzijn zonder begin, midden of eind.

Wat bestond er voor de schepping, dat wil zeggen vóór wat de moderne wetenschap de Big Bang noemt? Zelfs wetenschappers hebben er alleen maar theorieën over.

De hindoeïstische geschriften stellen dat het universum voortkomt uit de heilige lettergreep OM. De diversiteit van het leven kwam voort uit één principe. Met andere woorden, het universum manifesteerde zich uit het niets. Hoewel dat niets vormloos was, was het geen afwezigheid of leegte, maar de aanwezigheid van een superintelligentie, de subtielste en krachtigste vorm van energie, de essentie van alles, het hele universum.

In de *Bhagavad Gita* wordt gezegd:

> *paras tasmāt tu bhāvō'nyō'vyaktō'vyaktāt*
> *sanātanaḥ*
> *yaḥ sa sarveṣu bhūtēṣu naśyatsu na vinaśyati*

> Maar verschillend van dat Ongemanifesteerde is de andere eeuwige ongemanifesteerde Werkelijkheid, die niet

vernietigd wordt als alle wezens vernietigd worden.

(8.20)

avyaktō'kṣara ityuktas tam āhuḥ paramām gatim
yam prāpya na nivartantē tad dhāma paramam mama

Hij die het Ongemanifesteerde, de Onveranderlijke genoemd wordt, ze noemen Hem het hoogste Doel. Dat is de hoogste verblijfplaats van Mij; als men die bereikt, keert men niet terug. (8.21)

Er staat een prachtig verhaal in de *Chandogya Upanishad*:

Shvetaketu, de leergierige zoon, vroeg zijn vader Uddalaka, een grote wijze, "Waarom kan ik de Atma niet zien als het allesdoordringend is?"

"Breng me een vrucht van de *nyagrodha* (banyan) boom buiten," zei zijn vader. Toen de jongen terugkwam met de vrucht, vroeg zijn vader deze open te breken en erin te kijken.

De vader vroeg: "Wat zie je?"

"Ik zie een paar uitzonderlijk kleine zaadjes vader," antwoordde de zoon.

"Breek er een open."

"Hij is gebroken vader."

"Wat zie je daar?"

"Niets!"

Zijn vader antwoordde: "Mijn zoon, kan dit wonder van een boom uit niets ontstaan? Het komt doordat je de subtiele essentie van de boom die in het zaadje zit, niet kunt waarnemen. In die essentie ligt het wezen van de enorme banyanboom opgeslagen. Weet dat die essentie het basisprincipe van het hele bestaan in zich draagt. Dat is de Waarheid, dat is het Zelf, en jij, Shvetaketu, bent Dat."

De *Taittirīyopanishad* zegt:

so, akāmayata, bahusyām prajāyēyēti,
sa tapō, atapyata, sa tapastaptvā, idam
sarvamasṛjata, yadidam kiñca, tat sṛṣṭvā,
tadēvānuprāviśat, tadanupraviśya, sacca
tyaccābhavat, niruktam cāniruktam ca,
nilayanam cānilayanam ca, vijñānam
cāvijñānam ca, satyam cānṛtam
ca satyamabhavat, yadidam kiñca,
tatsatyamityācakṣatē.

Hij (het hoogste Zelf) sprak de wens uit:
"Moge ik velen zijn, moge ik geboren
worden." Hij deed ascese. Na deze ascese
schiep hij dit alles, alles wat er is. Toen
hij dit allemaal geschapen had, ging hij
erin binnen. Toen Hij erin binnen was
gegaan, werd Hij zowel het gemanifesteerde
als het ongemanifesteerde, zowel het
gedefinieerde als het ongedefinieerde,
zowel het ondersteunde als het niet
ondersteunde, zowel het intelligente als
het niet-intelligente, zowel het werkelijke
als het onwerkelijke. De Satya (de Ware)
werd dit alles, alles wat is. Daarom noemen
(de wijzen) Het (Brahman) de Ware.
(Brahmananda Valli 6:6)

Misschien is dit een andere manier om de
toestand voor de Big Bang te beschrijven en hoe
de schepping plaatsvond.

Amma's woorden sprankelen met deze eeu-
wenoude juwelen over de hoogste waarheid. Zij
bevatten universele waarheden in verborgen
zaadvorm. Daarom worden de uitingen van
spiritueel verlichte zielen als heilig beschouwd.
Dat is ook de reden dat deze universele waarheden

bekend staan als *Shabda Praman* (gezaghebbende woordelijke getuigenis van de absolute Waarheid). Om ze te begrijpen moeten onze gedachten tot rust komen,

Het onderricht van een Satguru hoeft niet per se mondeling te zijn. De methoden van de guru zijn mysterieus. De leerling moet de liefde en het geduld hebben om de guru voortdurend te observeren. Onschuldige liefde voor de guru kan een probleemloze en onverstoorbare relatie met de guru tot stand brengen. In die liefde kan de stilte van de guru en elke beweging begrepen worden.

Zoeken we niet de begeleiding van een autochtoon als we een nieuwe taal willen leren? Evenzo is de uiterst subtiele taal van spiritualiteit onbekend voor ons, terwijl het voor Amma haar werkelijke verblijfplaats is, haar moedertaal, haar eigen manier van communiceren.

In een leraar-leerlingverhouding betekent onderwijs dat er een klaslokaal, een bepaalde tijd, een atmosfeer en voorgeschreven tekstboeken zijn. In de guru-leerlingrelatie daarentegen vindt het leren altijd plaats, onder alle omstandigheden. Of ze nu belangrijk of onbelangrijk lijken, de daden van de guru, de woorden, stilte, boosheid, glimlach, blik, het optrekken van haar wenkbrauwen, de beweging van haar ogen, alles kan een nieuwe laag van het onbekende onthullen.

Spirituele kennis is het subtielste van alle kennis. Het communicatiemedium kan niet altijd verbaal zijn. In feite zijn woorden zeer beperkt en kunnen daarom de waarheid verdraaien. Daarom is het observeren van de guru heel belangrijk. Als de leerling de vastberadenheid, oprechtheid en liefde heeft, zal zijn observatie geleidelijk aan in meditatie overgaan.

Gewoon student zijn is gemakkelijk, maar om een leerling bij een guru te zijn heb je enorm veel moed en liefde nodig. Terwijl het eerste slechts een intellectuele oefening is om informatie te verkrijgen, moet je bij het tweede alles wat je in de buitenwereld hebt verzameld, vergeten en je volledig beschikbaar stellen voor de guru zodat ze jou kan herscheppen. Vandaar dat Amma zegt: "In een echte guru-leerlingrelatie zal het moeilijk zijn onderscheid te maken tussen de guru en de leerling. Dit komt doordat de guru nederiger is dan de leerling." Amma voegt daaraan toe: "Het geduld van de guru is de toevlucht van de leerling."

Een leerling is als een jonge vogel die net uit het ei is gekropen. Hij kan niet vliegen zoals zijn moeder. Als de jonge vogel naar zijn kleine vleugels kijkt, vraagt hij zich af of hij dezelfde 'prestatie' kan leveren als de moedervogel. Het vogeltje wil ook graag hoog in de lucht vliegen en zich de lucht eigen maken, maar hij is bang dit te doen. Terwijl hij zijn moeder het 'onmogelijke' ziet doen, ontwikkelt het vogeltje geleidelijk aan een intens verlangen om te vliegen. Hij fladdert met zijn vleugeltjes maar heeft geen succes, zelfs niet om los van zijn nest te komen. Op een gegeven moment neemt de moeder de leiding en stimuleert ze haar kleintje om de moed te verzamelen om te vliegen. Zij demonstreert haar vliegvaardigheden aan het vogeltje, alsof ze hem wil uitnodigen, overhalen en verleiden om haar voorbeeld te volgen, alsof ze haar kleintje wil zeggen: "Maak je geen zorgen, liefje, ik ben hier om je te beschermen en om te voorkomen dat je valt."

Dan komt er een moment dat de moeder een beetje meedogenloos lijkt, meedogenloos meedogend om precies te zijn. Ze duwt het vogeltje uit zijn nest het luchtruim in. Maar kijk, het vogeltje opent spontaan zijn vleugels en vliegt het nest uit. Die duw is noodzakelijk want anders blijft het vogeltje in de bubbel van angst en verliest zijn vermogen om te vliegen. De moedervogel in deze anekdote vertegenwoordigt de Satguru.

Een Satguru als Amma is ook een echte moeder. Als leerlingen een absolute relatie met de guru willen, moeten ze de houding van een kind hebben. In de baarmoeder is iedere baby helemaal één met de moeder. De baby eet, slaapt en ademt door de moeder. Het is zo'n hechte band, die is onlosmakelijk. De leerling moet een vergelijkbare band met de guru hebben, maar met meer diepgang en intensiteit. Zo'n onschuldige relatie is de beste manier om alles af te leren en opnieuw te leren, om alles ongedaan te maken en opnieuw te doen in de aanwezigheid van de Satguru.

De leerling is zich helemaal niet bewust hoe ingewikkeld de spirituele reis is, die hij onderneemt. Zowel de reis als de bestemming zijn totaal onbekend. Als we een nieuwe stad of nieuw land bezoeken, zoeken we de hulp van een betrouwbare gids die alle plekken van de stad of het land goed kent, nietwaar? De sleutel voor spirituele realisatie is slechts één woord: vertrouwen.

Laat me een verhaaltje vertellen. Een klein meisje liet haar pop vallen en die brak. Toen ze de pop in stukken zag liggen, begon ze hard te huilen. Met tranen in haar ogen vertelde ze haar broer: "Ik zal God vragen om de pop weer heel te maken."

"Zal God naar je gebed luisteren?" vroeg de broer met twijfel in zijn stem. Hij gaf zijn mening: "Ik denk van niet."

"God zal zeker mijn gebed verhoren," sprak het meisje met het volste vertrouwen.

Na lange tijd vroeg de broer aan zijn jongere zusje: "Heb je antwoord gekregen?"

Met absoluut geloof en vertrouwen zei het meisje: "Ja, God zei dat het gerepareerd kan worden!"

De enige toevlucht van een kind is zijn moeder. Als we kunnen leren om in ons hart als een kind te worden, kunnen we een plek verdienen in het hart van Amma dat zo uitgestrekt als de hemel is. Ze zal ons stevig aan haar boezem drukken en ons meenemen over de oceaan van samsara, van eindeloos verdriet.

Amma zegt: "De liefde van de guru is overal aanwezig. Daarom kunnen de fysieke grenzen van tijd en ruimte de stroom ervan niet beperken."

In 1999 verschoof mijn nekwervel. Het was een periode van intense pijn en lijden. Amma was de eerste die me waarschuwde voor wat er kon gebeuren. Het was tijdens Amma's jaarlijkse Noord-India tour. Na het laatste programma in Bangalore, raakte Amma zachtjes mijn schouder aan toen ze achter me in de auto zat. Zodra Amma me aanraakte, wist ik op de een of andere manier dat de aanraking bijzonder was. Het was vol bezorgdheid, liefde en andere diepe gevoelens. Als Amma ons aanraakt of naar ons kijkt, is het altijd bijzonder, maar elke keer als Amma ons aanraakt of naar ons kijkt, vertelt het ons iets anders, is er een andere boodschap. Haar handen spraken, haar ogen spraken, Amma's hele lichaam sprak tot mij.

Tijdens de tour werd ik behandeld in een ziekenhuis in Mumbai. Nadat Amma me in het ziekenhuis had bezocht, vertrok ze naar Mauritius en Réunion. Ik was bijna drie maanden bedlegerig. Het was een erg zware tijd. Uiteindelijk verboden de dokters me om ooit nog harmonium te spelen. Ze zeiden dat de uitzonderlijke spanning op mijn nek een herhaling kon veroorzaken.

In die tijd bespeelde ik het harmonium terwijl ik bhajans voor Amma zong, wat een vreugdevol onderdeel van mijn leven was geworden. Zingen en het harmonium bespelen waren voor mij onlosmakelijk verbonden. Het was hartverscheurend als ik eraan dacht dat ik niet langer op het harmonium kon spelen. Omdat Amma al in Réunion was, kon ik haar niet om advies vragen.

Nadat ik uit het ziekenhuis ontslagen was, verbleef ik bij een familie van trouwe toegewijden in Mumbai, omdat ik niet mocht reizen vanwege mijn nek. Ik voelde me immens verdrietig als ik eraan dacht dat ik nooit meer op het harmonium zou kunnen spelen. Ik had geen andere optie dan te huilen en tot Amma te bidden om haar genade en begeleiding.

Er was een speciale kamer in dat huis waar Amma verbleef als ze Mumbai bezocht. De familie had daar een meditatiekamer van gemaakt. Ik ging er vlak naast Amma's bed zitten, huilde en bad met mijn hele hart tot Amma. Na ongeveer een half uur kwam het gezinshoofd de kamer in. Hij gaf me een draadloze telefoon en zei: "Amma is aan de lijn vanuit Réunion."

Ik vertelde Amma over het advies van de dokter. Nadat Amma geluisterd had, antwoordde ze rustig: "Maak je geen zorgen, mijn zoon, je zult weer harmonium kunnen spelen en zingen."

Ik vroeg haar: "Wanneer?"

Amma zei: "Vandaag!"

"Vandaag!" Ik was in de zevende hemel.

"Vandaag, wanneer, hoe laat?" vroeg ik.

Amma zei: "Vanavond als Amma de avondbhajans begint, wanneer Amma de eerste bhajan zingt, de Ganesha bhajan, speel jij op het harmonium en zingt. Maar voorlopig slechts één bhajan."

En dit is precies wat er gebeurde. Toen Amma de avondbhajans op Réunion begon, zat ik in dezelfde kamer waar Amma in Mumbai had verbleven, en bespeelde dankbaar het harmonium en zong:

śrīpādamāhātmyam ārkkariyām
guru pādattin vaibhavam ārkkariyām
śrīpādamāhātmyam ārkkariyām
guru pādattin vaibhavam ārkkariyām

Wie kent de grootsheid van de lotusvoeten van de guru? Wie kent het wonder van de voeten van de guru?

8 | EEN VERJAARDAGSGESCHENK

Er zijn mensen die beweren dat de begeleiding door een guru niet nodig is om de ultieme verwerkelijking van het Zelf te bereiken. Dit geldt misschien voor een spiritueel aspirant met een enorme *samskara*, spirituele rijkdom die hij heeft opgebouwd in en geërfd uit vorige levens. Zelfs zulke zeldzame zielen hebben misschien iemand nodig die ze een zetje geeft naar de uiteindelijke staat van volledige bevrijding.

Amma zegt: "Er komt een fase in het leven van een spiritueel aspirant dat hij al het mogelijke heeft gedaan. Na al het mogelijke te hebben gedaan, komt er een punt van stilstand, waar de aspirant niets anders te doen heeft dan wachten op de definitieve realisatie. Hij staat op de drempel en weet niet wat hij vervolgens moet doen. Hij heeft gewacht en gewacht. Als er niets gebeurt, is de kans groot dat de aspirant geïrriteerd raakt. Hij kan zijn geduld verliezen en zich afwenden van het doel. Hij kan teruggaan naar de wereld en denken: 'Zelfrealisatie bestaat helemaal niet'. Op dat moment is het enige wat de *sadhak* nodig heeft een duwtje van een volmaakte meester die het pad heeft afgelegd en de uiteindelijke bestemming heeft bereikt."

Als een aspirant alleen op de geschriften vertrouwt, kan hij gemakkelijk in verwarring raken. De rishi's moeten grote moeite hebben gehad om hun ervaring van het oneindige over te brengen met eindige woorden. In hun pogingen om de diepste mysteries van het universum te onthullen, moeten de wijzen zorgvuldig zo min mogelijk woorden gekozen hebben om hun ervaringen aan de wereld over te brengen. Elk woord is een zaadje dat kan uitgroeien tot een gigantische boom van kennis. Elk woord is zwanger van de waarheid achter de schepping.

De geschriften bestuderen is als een dicht bos ingaan. Het is zo betoverend, maar tegelijkertijd ook misleidend. Waarom? Omdat de waarheid diep verscholen ligt, verpakt in poëtische taal. De wijzen waren creatieve en geleerde mensen, vandaar dat hun geschriften literaire rijkdom bevatten.

Hoewel de hoogste waarheid één is, beschrijven en interpreteren de geschriften die anders. Er zijn duizenden commentaren. Zonder de hulp van

een Satguru is het uiterst moeilijk om de verborgen betekenissen, uiteenlopende implicaties,
schijnbare tegenstrijdigheden, het onlogische en
de gecompliceerdheid van de aforismen uit de
geschriften te begrijpen en zich eigen te maken.

In de *Bhagavad Gita* zegt Heer Krishna:

> *tat viddhi praṇipātēna paripraśnēna sēvayā*
> *upadekṣyanti tē jñānam jñāninas tattva*
> *darśinaḥ*

> Weet dat de wijzen die de Waarheid hebben
> gerealiseerd, die kennis zullen onderwijzen,
> als je hen eerbetoon geeft, vragen stelt en
> dient.

(4.34)

Een Satguru is meer vrouwelijk dan mannelijk.
Een volmaakte meester moet moederlijk van aard
zijn omdat alleen een moeder de deugden van
begrip, geduld en liefde heeft die onontbeerlijk
zijn voor de groei van het kind. Terwijl het hart
van een gewone moeder zich beperkt tot haar
eigen kinderen, is het hart van een Satguru zo
uitgestrekt als het universum. In de aanwezigheid
van een Satguru verkeren, haar dienen en haar
toestaan om je discipline bij te brengen kan

vergeleken worden met verblijven in een baarmoeder. Sta de guru toe om jou je echte Zelf te geven. Door dit te doen krijg je het hele universum. Maar daarvoor moet je eerst veel loslaten.

Op een keer vroeg iemand aan een spirituele aspirant: "Wat win je ermee door je over te geven aan God?" Hij zei: "Niets. Maar laat me je vertellen wat ik kwijt ben geraakt: boosheid, ego, hebzucht, depressie, onzekerheid en angst voor de dood. Soms ligt het antwoord op onze gebeden niet in het krijgen maar in het verliezen, wat uiteindelijk winst betekent."

Boeddha zei: "Ik kan alleen zeggen dat ik iets kwijt ben geraakt, het ego, de geest. Ik heb absoluut niets bereikt. Nu weet ik dat alles wat ik heb, er altijd al was. Het was in iedere laag, in elke steen, in elke bloem, maar nu herken ik dat het altijd zo was. Toen was ik blind, maar ik heb mijn blindheid verloren. Ik heb niets bereikt, ik heb iets verloren."

Journalisten vragen aan Amma: "Bent u een avatar, een incarnatie van God?"

Amma antwoordt spontaan op deze vraag: "U bent ook een avatar. Iedereen is goddelijk. Alles is doordrongen van God. Dat is wat we zijn."

Moksha (bevrijding en totaal vrij zijn van lichaam, geest en intellect) is geen individuele ervaring, hoewel het vanuit ons perspectief zo lijkt. Het dagen van die hoogste realisatie betekent ook het verdwijnen van alle imperfecties, die feitelijk slechts uiterlijkheden zijn. Dit betekent dat de hele wereld volmaaktheid bereikt. De ultieme spirituele realisatie wordt gewoonlijk beschreven als een subjectieve ervaring van een bepaald individu. Niettemin vindt voor hem of haar dit ontwaken in de hele schepping plaats, omdat vanaf dat moment alles wordt gezien als doordrongen van zuiver bewustzijn. Eenmaal gevestigd in die staat van bewustzijn komt de zon op om nooit meer onder te gaan. Een Satguru kan deze kennis op de leerling overdragen, mits de leerling onschuldig vertrouwen in de guru heeft.

Er is een prachtig verhaal over Trotakacharya, een van de belangrijkste leerlingen van Adi Shankaracharya, de vertegenwoordiger van de Advaita Vedanta.

Sri Shankara had vier belangrijke leerlingen: Padmapada, Hastamalaka, Suresvara en Trotaka. Van deze vier werd Trotaka beschouwd als dom en onbenullig. Maar zijn oprechte toewijding aan zijn guru stond buiten kijf en hij was altijd op de een of andere manier bezig met *guru seva* (onbaatzuchtig dienen van de guru). Op een dag stond Adi Shankara op het punt om de les over de geschriften te beginnen maar Trotaka was er niet. Hij was de kleren van de guru aan het wassen, een van zijn belangrijkste taken. Terwijl Padmapada, Sri Shankara's geleerde student, op Trotaka wachtte, zei hij: "Ach hij begrijpt de subtiele principes van de verzen toch niet. Dus waarom zouden we wachten?" Sri Shankara antwoordde hierop: "Je hebt geen idee over zijn enorme vertrouwen in de guru."

Sri Shankara wilde de misplaatste trots van Padmapada verwijderen en aantonen hoe *guru-bhakti* de leerling zuivere wijsheid kan brengen, ook al was hij niet onderlegd in de geschriften. Er wordt gezegd dat Sri Shankara in de richting keek waar Trotaka bezig was met het wassen van zijn kleren en hem overlaadde met zijn genade. Trotaka werd verlicht. Kennis ontwaakte in hem. Op dat moment voelde hij krachtig de roep van zijn guru en hij liep de lesruimte binnen en

reciteerde het bekende Trotakāshtakam[9], dat als
volgt begint:

viditākhilaśāstrasudhājaladhē
mahitōpaniṣat kathitārthanidhē
hṛdayē kalayē vimalam caranam
bhava śankara dēśika mē śaraṇam

O Gij, kenner van de hele melk-oceaan van
geschriften! Vertolker van de thema's uit de
schatkist van de *Upanishaden*! Ik mediteer
in mijn hart aan Uw volmaakte voeten,
Wees mijn toevlucht, Meester, Shankara! (1)

Sta me toe een gebeurtenis te delen die plaatsvond
op 10 oktober 2006. De plaats was Crystal Palace
in het centrum van Londen rond het middaguur.

Een paar dagen voor deze gebeurtenis begaf
mijn laptop het en deed niks meer. Daarom ging
ik die ochtend op weg met Dr. Vagees, een toegewijde uit Londen, om een nieuwe computer te
kopen. We gingen naar een enorm winkelcentrum
dat zich uitstrekte zover het oog reikte. Je kon
daar letterlijk alles kopen. De zoektocht naar een

---

[9] Hymne van acht verzen als verering van de guru

computer begon. Intussen zocht ik ook naar iets anders, een geschenk voor Amma.

Het bleek dat 10 oktober 2006 de heilige dag van *Kartika* was, Amma's geboortester (volgens de gregoriaanse kalender is haar verjaardag 27 september). Ik wilde Amma op die speciale dag iets geven.

Mijn ogen, die overal rondkeken op zoek naar een geschikt geschenk, vielen plotseling op een aantal halskettingen. Er was er een die eruit sprong. Het was een nauwsluitende oranje halsketting gemaakt van strengen van met elkaar verweven kralenkettingen. "Als ik die nou kon krijgen," fluisterde mijn geest me in. Maar wat als hij te duur is? Amma keurt het volstrekt af haar kinderen tot last te zijn door ze te laten betalen voor welke aankoop ook. Mijn aandacht verlegde zich van de computers en richtte zich op de nauwsluitende halsketting. Ik ging naar de betreffende vitrine en keek discreet naar de prijs, 10 pond (ongeveer 11 euro). Toen Dr. Vagees dit zag, vroeg hij: "Wat is er Swamiji? Waar kijkt u naar?"

Ik aarzelde niet. Ik vertelde de goede man mijn diepe wens. Toen hij hoorde dat het voor

Amma was, kende zijn vreugde geen grenzen. We kochten de halsketting en we kochten geen computer. Maakt niet uit, dacht ik. We moesten in Crystal Palace zijn voordat de darshan eindigde. We kwamen daar om half twee 's middags en ik ging meteen naar Amma. Toen ik de halsketting pakte, keek Amma me aan en vroeg: "Wat is dit?"

"Vandaag is het Kartika, Amma's verjaardag." Terwijl ik dit zei, deed ik de halsketting om Amma's nek en knielde op de grond. Toen ik opstond gaf Amma me liefdevol een snoepje.

Amma merkte spontaan op: "Ik heb geen verjaardag." Haar commentaar was niet slechts een paar achteloze woorden, maar alleen Amma kon de ware betekenis en innerlijke essentie van die woorden begrijpen. Zij bedoelde oprecht wat ze zei.

Toen Amma naar de halsketting keek, vroeg ze: "Hoeveel kettingen zijn het?" Ze telde ze en zei: "Het zijn er tien." Tijdens darshan deed Amma de halsketting af en haalde elk snoer los. Ze deed er een om haar eigen nek en een andere om de mijne. "Een voor Amma en een voor mijn zoon," zei Amma met een lieve glimlach. Mijn hart was vervuld van tevredenheid.

Toen ik bij Amma stond, zei ik haar terloops dat ik op 23 april 50 zou worden. Dat zal mijn *Amritavarsham50* (naam van Amma's 50ste verjaardagsviering) zijn. Toen ze dit hoorde, draaide ze zich om en keek me aan. In die ogen zag ik een uitgestrekte oceaan van liefde en compassie. Terwijl ze intens naar me keek, vroeg Amma: "Zoon welke wens wil je dat Amma vervult?"

Ik stond versteld! Ik kon geen woord uitbrengen. Het was alsof de hoogste guru bereid was alles te geven en vroeg: "Zoon, wat wil je? Ik bied je alles wat aan, wat dan ook." Mijn geest werd stil van verbazing.

Vraag om *bhakti* (toewijding aan de Heer), *mukti* (spirituele bevrijding) of *bhukti* (materiële voorspoed). Amma zal het je geven. Dit was de strekking van Amma's woorden en blik. In die momenten kon ik de immense genade die uit haar moederhart stroomt duidelijk waarnemen. Amma's woorden waren zo betekenisvol en ze bevatten zo'n kracht en autoriteit.

Dr. Geetha Kumar, die hielp bij het organiseren van de stroom toegewijden die voor darshan kwamen, suggereerde: "Swamiji, vraag om *moksha*!" Haar woorden deden me uit mijn droomtoestand ontwaken. Langzaam sprak ik: "Als ik *moksha* bereik, worden Amma en ik één. Dan kan ik misschien niet meer als een kind bij Amma zitten, met Amma reizen, met haar zingen of in haar schoot liggen. Dus voorlopig wil ik geen *moksha*. In plaats daarvan wil ik elke keer dat Amma een menselijke vorm aanneemt en naar de aarde komt, Amma's kind, dienaar, eerbiedige toegewijde, leerling, een schaduw die Amma overal volgt, zijn; het is voorlopig genoeg als Amma dit verlangen vervult."

Terwijl ik dankbaar was dat ik dit oprechte gebed aan Amma's heilige voeten had kunnen aanbieden, kwam het advies van Sri Krishna, Heer van de *Bhagavad Gita*, in mij op.

> *āścaryavatpaśyati kaścidēna-*
> *māścaryavadvadati tathaiva cānyaḥ*
> *āścaryavaccainamanyaḥ śṛṇōti*
> *śrutvāpyēnam vēda na caiva kaścit*

> Sommigen beschouwen de ziel als verbazingwekkend, sommigen beschrijven hem als verbazingwekkend en sommigen horen over de ziel als verbazingwekkend,

> terwijl anderen zelfs als ze erover horen, het
> helemaal niet kunnen begrijpen. (2.29)

Sta me toe enkele twijfels die misschien bij de lezer opkomen te verduidelijken. Het is natuurlijk als je denkt: "Een geschenk voor Amma? Waarom? Heeft Amma daarom gevraagd? Nee. Absoluut niet." Amma vraagt nooit om iets. Ze is de keizerin van het universum, waarom zou ze? Het hele universum is van haar.

Swami Rama Tirtha is een van India's grootste heiligen. Hij werd geboren in 1873 en verliet zijn lichaam in 1906 op de jeugdige leeftijd van drieëndertig. Swami Rama noemde zichzelf gewoonlijk *Baadusha Rama* dat Keizer Ram betekent, hoewel hij nauwelijks iets voor zichzelf had. Hij reisde naar Amerika en verbleef anderhalf jaar in San Francisco. Daar noemde hij zich eveneens Keizer Rama. Mensen vroegen hem: "U bent geen koning. U bezit geen koninkrijk. Toch noemt u zich keizer." Zijn antwoord luidde dan: "Daarom ben ik de keizer. Ik ben niets, daarom ben ik alles. Ik heb geen verlangens, daarom ben ik keizer. Een keizer die vol verlangens is, is maar een bedelaar met onvervulde wensen. Ik ben altijd tevreden. Daarom ben ik een keizer, het hele universum behoort me toe."

Hier volgen zijn woorden:

> Ik ben vastbesloten in jullie hart mijn goddelijkheid, jullie goddelijkheid, uit te schreeuwen en dat door elke daad en beweging te verkondigen. Ik ben Keizer Rama, wiens troon jullie eigen hart is. Toen ik in de Veda's preekte, toen ik onderwees in Kurukshetra, Jeruzalem en Mekka, werd ik verkeerd begrepen. Ik verhef mijn stem opnieuw. Mijn stem is jullie stem: "Jullie zijn Dat." Jullie zijn alles wat je ziet. Geen macht kan dit voorkomen, geen koningen, duivels of goden kunnen dit tegenhouden. Onvermijdelijk is het bevel van de Waarheid. Mijn hoofd is jullie hoofd, hak het af zo je wil, maar duizend anderen zullen ervoor in de plaats groeien. Het kloppen in jullie borst, het zien door jullie ogen, het pulseren in jullie pols, het glimlachen in de bloemen, het lachen door de bliksem, het razen in de rivieren en de stilte in de bergen is Rama.

In het 10e hoofdstuk van de *Bhagavad Gita*, zegt Sri Krishna tegen Arjuna:

> *yad yad vibhūtimat sattvam śrīmad ūrjitam eva vā*
> *tat tad evāvagaccha tvam mama tejōm'śa-sambhavam*

> Ieder die glorieus, goed, welvarend of krachtig is, begrijp dat dit voortkomt uit een fragment van Mijn Schittering. (41)

In heel het tiende hoofdstuk van de *Gita* somt Sri Krishna veel schitterende dingen in de schepping op als manifestaties van zijn glorie: mensen, wijzen, hemelse wezens, de krachtigste, mooiste en aanlokkelijkste, zowel werelds als hemels, beroemdheden uit alle lagen van de bevolking. Dit betekent dat ze allemaal een deel van het oneindige zijn.

Als gerealiseerde zielen in de eerste persoon spreken, bedoelen ze niet 'ik' als persoon die zich identificeert met het beperkte lichaam en geest, maar de kosmische kracht, het oneindige bewustzijn dat niet wordt beperkt door ruimte en tijd. Zo beschouwd ben je één met het universum zodra je één bent met je innerlijke wezen.

Daarom beschrijft de *Sri Lalita Sahasranama* Devi als *Sri Mata, Sri Maharajni, Srimat-simhasanesvari,* de Moeder van het Universum, de Koningin van het Universum.

Alles wat je kunt zien behoort tot het uitgestrekte rijk van een Satguru, die één is met het geheel. Iets aanbieden, zelfs het duurste ding, aan een gerealiseerd meester is hetzelfde als Bill Gates een laptop cadeau doen. Er zit echter een andere kant aan het verhaal. Het leven van de leerling en al zijn handelingen zijn een offer aan de guru. Een gewoon iemand kan zich de guru-leerlingrelatie niet voorstellen, die voor sommige mensen in veel opzichten irrationeel en zelfs merkwaardig is. Het is inderdaad geen gewone band. Het is het toppunt van liefde. De guru wordt letterlijk alles voor de leerling: moeder, vader, familie, guru en God, en de houding van een leerling is die van een kind.

Soms kan de leerling met een hart vol toewijding, liefde en vertrouwen de guru aanbidden. Op dat moment zal hij met tranen in zijn ogen zijn guru lof toezingen en met overgave dansen. Op andere momenten zal hij de guru nederig dienen zoals een vertrouweling zijn baas zou dienen. Ook zijn er gelegenheden waarbij de leerling zijn hart voor de guru opent zoals iemand bij een dierbare vriend doet. Het kan ook zijn dat de leerling als een kind onzin uitkraamt of woedeaanvallen krijgt bij de guru.

Luister naar de uitspraak van Hanuman, de beroemde toegewijde van Heer Rama:

> *dehabuddhyā tu dāso'smi jīvabuddhyā*
> *tvadamśakaḥ*
> *ātmabuddhyā tvamevāham iti me niścitā*
> *matiḥ*

O Heer, als ik me identificeer met het lichaam, ben ik Uw dienaar. Als ik me identificeer met de *jiva*, ben ik een deel van U. Als ik me identificeer met het grote Zelf, ben ik in werkelijkheid niets anders dan U. Dit is mijn vaste overtuiging.

De Waarheid achter de wereld van verschijnselen is eenheid. Met andere woorden, verscheidenheid is heelheid in zijn gemanifesteerde vorm. Als we deze Waarheid realiseren, is er niets dat niet is doordrongen van Bewustzijn. *Ekam sat vipra bahudha vadanti* (de Waarheid is één; de wijzen kennen het onder verschillende namen); *sarvamidam aham ca brahmaiva* (alles, inclusief mijzelf, is niets anders dan Brahman). Op dat hoogste niveau van bewustzijn verdwijnen alle verdeeldheid en verschillen. Men smelt samen met de totaliteit van het bestaan. De ervaring van *Aham brahmasmi* (Ik ben Brahman) daagt.

Amma begeleidt mij, met haar oneindige wijsheid, bij elke stap op het pad. Ik twijfel er niet aan dat er een moment zal komen dat ik volledig zal samensmelten met de heelheid. Die realisatie is het ophouden van alle voorkeur en afkeer. Laat het zo zijn. Toch bid ik met mijn hele hart: "Amma, mag ik zelfs dan nog altijd uw kind blijven. Dat u altijd mijn moeder mag zijn."

Tijdens mijn hele spirituele reis heeft Amma mijn hand altijd zeer stevig vastgehouden. Amma zegt: "Het is veiliger als de moeder de hand van het kind vasthoudt. Als het andersom is, kan het kind de hand loslaten en wegrennen." Ik voel me nog steeds als een peuter op het pad.

We zijn voor altijd overgeleverd aan de genade van het universum. We denken dat onze dromen en keuzes het beste voor ons zijn, maar onze gedachten kunnen verkeerd zijn. Wie weet wat ons te wachten staat, wat het machtige universum voor ons in petto heeft? Wil ons leven vruchtbaar zijn, dan hebben we de volledige steun en welwillendheid van het hele bestaan nodig. Toch zal het ons slechts zijn zegen geven als we handelen in overeenstemming met zijn onveranderlijke wet, ofwel *dharma*. Omdat we niet in staat zijn om ook maar iets te begrijpen zonder specifieke naam of vorm, kunnen we bidden, mediteren en ons overgeven aan de Satguru, die één is met het geheel, om genade en begeleiding te krijgen. In de aanwezigheid van een Satguru, de schatkamer van oneindige vermogens en compassie, zal de ontplooiing van ons Zelf een nieuwe dimensie bereiken, een schoonheid en charme die aan woorden voorbij gaan. Het zal heel natuurlijk en spontaan zijn.

Dit doet me denken aan een mooi verhaal en gedicht:

Een jonge monnik liep op een dag met een oudere, meer ervaren monnik in de tuin. Omdat hij een beetje onzeker was over wat God voor hem in petto had, informeerde hij hiernaar bij de oudere monnik. De oude monnik liep naar een rozenstruik en gaf de jonge monnik een rozenknop en vroeg hem deze open te maken zonder er blaadjes vanaf te halen. De jonge monnik keek met ongeloof naar de oudere predikant en probeerde te bedenken wat een rozenknop toch te maken kon hebben met zijn vraag.

Omdat hij veel respect had voor de oudere monnik, probeerde hij de roos open te vouwen terwijl elk blaadje intact bleef. Het duurde niet lang voor hij doorkreeg dat dit onmogelijk was. Toen de oudere monnik zag dat de jonge monnik de rozenknop niet open kon vouwen terwijl hij intact bleef, reciteerde hij het volgende gedicht:

Het openvouwen van de rozenknop

Het is slechts een kleine rozenknop,
Een bloem ontworpen door God,
Maar ik kan de blaadjes niet openvouwen
Met deze onhandige handen van mij.

Het geheim van het openvouwen van bloemen
Is bij iemand als mij niet bekend.
God opent deze bloem zo lieflijk,
Terwijl ze in mijn handen verwelken en sterven.

Als ik geen rozenknop kan openvouwen,
Deze bloem door God ontworpen,

Hoe kan ik dan denken dat ik de wijsheid
bezit
Om dit leven van mij te ontvouwen?

Dus, vertrouw ik op Hem, dat hij mij
Elk moment van iedere dag leidt.
Ik zal naar God kijken voor Zijn leiding
Bij elke stap op deze genadevolle weg.

Het pad dat voor mij ligt,
Alleen God kent het echt.
Ik vertrouw Hem om de momenten te
ontvouwen,
Zoals God de roos openvouwt.

Amma helpt ons allemaal de mysteries van het
leven te ontvouwen terwijl we verdergaan onder
haar goddelijke leiding. We moeten dat aan haar
overlaten. Wat er ook gebeurt, ik wil altijd een
kind blijven voor Amma en mijn leven aan haar
heilige voeten in haar goddelijke aanwezigheid
als haar dienaar doorbrengen. Hoewel Amma,
de Moeder van het Universum, misschien niets
nodig heeft, wil dit kind, deze dienaar, die ernaar
smacht haar bevelen uit te voeren, haar daarom
een verjaardagsgeschenk geven, zelfs als het er
eenvoudig en werelds uitziet.

9 | EEN ONVERGELIJKELIJKE KATALYSATOR

Er zijn sceptici en cynici. Een scepticus die over-
tuigend bewijs krijgt, gaat uiteindelijk misschien
geloven. De mogelijkheid om de waarheid te
accepteren bestaat, terwijl een cynicus bijna altijd
een onveranderlijke manier van denken heeft.
De beroemde en gevatte Amerikaanse komiek
Groucho Marx zei gekscherend: "Wat het ook is,
ik ben ertegen." De meeste cynici gaan zo door
het leven.

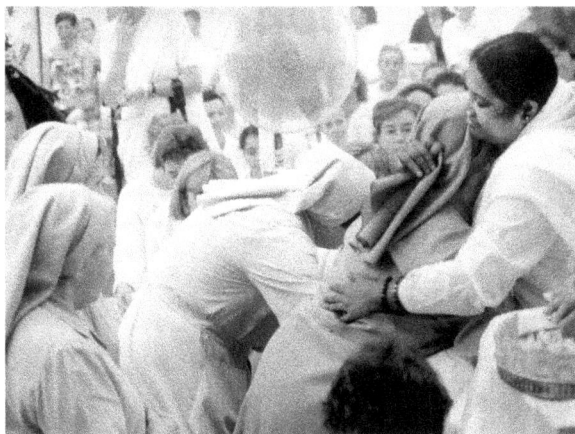

Dit doet me denken aan de woorden van de eminente astrofysicus, kosmoloog en astronoom Carl Sagan: "Een van de treurigste lessen uit de geschiedenis is dit: Als we de boel lang genoeg misleid hebben, neigen we ernaar elk bewijs van de misleiding te verwerpen. We zijn niet langer geïnteresseerd in het vinden van de waarheid. We zijn in de ban van de misleiding. Het is eenvoudigweg te pijnlijk om toe te geven, zelfs voor onszelf."

Scepsis kan worden onderverdeeld in positieve scepsis en negatieve scepsis. Het zou zowel voor de maatschappij als voor individuen heel heilzaam zijn als scepsis en een positieve houding (openheid) hand in hand zouden gaan. Ik heb deze uitspraak gehoord: "Veel scepsis leidt tot veel begrip. Weinig scepsis leidt tot weinig begrip. Geen scepsis leidt tot geen begrip." In essentie is scepsis waardevol als sceptici de waarheid aanvaarden en die erkennen als de realiteit zich aandient.

Gewoonlijk wordt spiritualiteit aangemerkt als een subjectieve wetenschap. Dat geldt ook voor veel moderne wetenschappelijke ontdekkingen. Wetenschappers vinden het moeilijk om een aantal subtiele principes van het universum te verklaren. Daarom komen ze met wiskundige vergelijkingen op de proppen omdat woorden niet toereikend zijn om de concepten uit te drukken.

Ik zou zeggen dat Amma spiritualiteit zowel subjectief als objectief maakt. Sceptici en cynici kunnen, om eigen redenen en overtuigingen, de hoogste spirituele ervaring ontkennen die grote meesters van Amma's kaliber permanent hebben. Vergeet even de subjectieve spirituele ervaring die misschien discutabel is, maar kan een weldenkend iemand de manier ontkennen waarop Amma iedereen die bij haar komt, ontvangt, waarbij ze uren achtereen zit? En dit fenomeen vindt zeven dagen per week plaats, 365 dagen per jaar onafhankelijk van plaats en tijd. Ik moet hieraan toevoegen dat ze dit duidelijk met liefde doet, met blijheid zonder ooit te klagen, geduldig luisterend naar het verdriet van de mensen, waarbij ze hen zonder onderscheid overlaadt met liefde en compassie. Zo is Amma's leven de afgelopen 45 jaar geweest. Dus als mensen sceptisch vragen: "Wat is er zo bijzonder aan Amma?" kan ik slechts zeggen: "Kom alsjeblieft en kijk naar haar als ze darshan geeft." Als je op zoek bent naar de werkelijkheid, wat het doel is van oprechte scepsis, zul je het antwoord op je vraag vinden.

Amma heeft een uniek talent, een oneindig innerlijk vermogen, om mensen aan te trekken, te inspireren en het beste in hen naar boven te brengen. Voor haar is niet alleen een handvol, maar elke mens een zaadje dat kan uitgroeien tot een boom, een belofte voor de wereld die kan bijdragen aan de maatschappij. Ze ziet de wereld en de mensen daarin zonder dit te kleuren met een zelfzuchtig ego. Vandaar dat Amma altijd bezig is om mensen sterk te maken, zowel materieel als spiritueel. Onder haar leiding leren mensen om zowel met zichzelf als uiterlijke omstandigheden om te gaan.

Ik heb het geluk gehad om met Amma meer dan tweeëndertig jaar de wereld rond te reizen. Ik ben persoonlijk getuige geweest van de enorme veranderingen die zich voltrekken in de houding van duizenden mensen als zij geïnspireerd worden door Amma's woorden en daden. Het is hartver-warmend om kleine kinderen, die gewoonlijk alleen aan zichzelf denken, naar Amma te zien komen met hun spaarvarkens en haar vertellen dat ze de kinderen die geen geld hebben, willen helpen. Maar het gaat niet alleen om geldelijke of fysieke bijdragen aan liefdadigheidsinstellingen. Duizenden hebben slechte gewoontes opgegeven. De kleine daden of gebaren van vriendelijkheid waartoe Amma mensen inspireert, hebben een zeer grote kracht om veranderingen tot stand te brengen en beïnvloeden het leven van zoveel mensen.

Ik wil graag een voorval delen dat me verteld is door Bri. Priya die als gastro-enteroloog werkt in het Amrita ziekenhuis in Kochi. Een paar jaar geleden had een van haar patiënten die alcoholist was, galkanaalkanker ontwikkeld. Hij woonde vier uur ten zuiden van het ziekenhuis en was naar het Amrita ziekenhuis gekomen met geelzucht en ernstige jeuk over zijn hele lijf. Omdat hij alcoholist was en het grootste deel van zijn familie hem in de steek had gelaten, woonde hij alleen en werkte hij als visser. Priya vertelt dat de gebruikelijke houding die mensen voor dergelijke patiënten hebben is: "Wel, jammer voor hen. Ze zijn zoveel jaar alcoholist geweest. Hun is verteld dat alcohol de lever aantast. Nu moeten ze de resultaten van hun eigen handelen ondergaan." Hoewel je misschien compassie voor deze mensen wilt voelen, leidt je geest je terug naar de gedachte: "Ze hebben het zichzelf aangedaan."

Toen hij de diagnose kanker in een gevorderd stadium kreeg, reageerde hij boos. Hij schreeuwde naar de verpleegsters, dokters en iedereen die in de buurt kwam. Hij was een van die onmogelijke patiënten. Omdat er geen genezing voor zijn kanker was, boden ze hem een tijdelijke palliatieve behandeling aan om zijn geelzucht en jeuk te behandelen. De behandeling was duur en als visser kon hij het zich niet veroorloven en dus deed het ziekenhuis het gratis. De patiënt voelde zich beter na de behandeling en verliet na een paar dagen het ziekenhuis. Dr. Priya vroeg hem om na een maand terug te komen zodat ze kon controleren of de tijdelijke behandeling nog werkte. Maar na een maand kwam hij niet opdagen.

Priya zei: "Ik zag toevallig dat de patiënt niet op zijn afspraak was gekomen. Ik vertelde dit aan mijn professor maar hij zei: 'Waarschijnlijk zit hij dronken thuis. Hij zal komen als hij problemen krijgt. Maak je geen zorgen om hem. Hij zal alleen maar tegen je schreeuwen als je toch contact met hem opneemt.'"

Hoewel Priya dacht dat de professor gelijk had, schoten Amma's woorden door haar gedachten: "Oordeel niet over het gedrag van iemand. Ze hebben misschien geleden op een manier die je niet begrijpt. Compassie kent nooit voorwaarden." Dus besloot Priya om de patiënt toch te bellen. Ze draaide het nummer dat in zijn ziekenhuisdossier stond. Iemand nam op en zei: "Hallo?" Toen ze naar de patiënt vroeg, was het antwoord: "We zijn geen bezorgdienst." Priya zei: "Ik was in de war. Ik vroeg opnieuw naar de patiënt en de man raakte geïrriteerd en zei: 'Er werkt hier geen Soman.'" Toen ze vroeg wie ze had gebeld, zei hij: "Mallan's Chayakkada." Het was een theestalletje aan de weg vlak bij het huis van de patiënt.

Uiteindelijk kreeg Priya de patiënt te pakken en vroeg hem hoe het met hem ging. Het bleef lang stil voordat hij uiteindelijk met trillende stem antwoordde: "Heeft u echt voor mij gebeld? Niemand heeft me in mijn hele leven ooit gebeld. Dat u me zelfs heeft onthouden." Hij was zo geschokt. Ze kon hem horen snikken door de telefoon. Hij kon er niet over uit dat iemand om hem gaf.

Een paar dagen na de gebeurtenis deed Priya haar ronde in het ziekenhuis toen ze een uitzinnig telefoontje kreeg van de gastro-enterologie polikliniek "Dr. Priya, kom snel alstublieft. Er is iemand hier met vis voor u." Ze dacht dat iemand een streek met haar wilde uithalen en dus hing ze op. Na tien minuten belden ze weer: "Kom alstublieft onmiddellijk. Deze man met vis veroorzaakt tumult op de poli." Priya haastte zich er uiterst nieuwsgierig heen. Toen ze daar kwam, stond haar patiënt op zijn sandalen midden in de poli met een emmer water vol levende vis. Ze was zo verbijsterd. Ze beschreef wat er gebeurde: "Hij rende naar me toe, duwde de emmer in mijn handen en zei: 'Ik kan er nog niet bij dat u zoveel om me gaf dat u me belde. Ik moest u iets teruggeven. Het beste wat ik kon krijgen zijn deze verse vissen. Ik heb ze zelf gevangen. Kijk! Ik heb ze zelfs in het water bewaard zodat u de vis zo vers mogelijk kan krijgen. Neemt u ze alstublieft aan.'" Priya zei: "De ogen van de man vulden zich met tranen toen hij toekeek hoe ik de emmer vasthield. Hij had geen geld voor deugdelijke slippers maar hij had vier uur gereisd en was onderweg gestopt om het water te verversen, alleen maar om mij een geschenk te geven! Ik eet niet eens vis maar ik nam ze toch aan."

Denk er eens over na hoe onze daden anderen beïnvloeden. Zo'n schijnbaar onbetekenend telefoontje maakte een enorm verschil in het leven van deze man. Hij stierf twee maanden later, maar de eigenaar van het theestalletje belde Priya om te zeggen dat de visser iedereen maar bleef vertellen over zijn speciale telefoontje tot op de dag dat hij stierf.

Dit is slechts één voorbeeld, maar bewust of onbewust, sijpelen de kleine daden van compassie, nederigheid, geduld, moed en doorzettingsvermogen waartoe Amma miljoenen mensen inspireert, door tot miljoenen andere mensen. Dit is de onbeschrijfelijke transformerende kracht van een echte meester als Amma.

Sommigen denken dat de oude wetenschap van spiritualiteit het leven ontkent, maar hij bevestigt juist het leven. De oude heiligen en wijzen waardeerden en verwelkomden uiterlijke en innerlijke rijkdom in gelijke mate. Dit is het pad dat Amma volgt, waarbij ze een prachtige mix van wetenschap en spiritualiteit, materie en geest creëert. Voor Amma zijn de wereld en God niet twee dingen, maar één. Amma zegt: "Zoals de zon het licht van een kaars niet nodig heeft, zo heeft God niets van ons nodig. God is de schenker van licht. Om ons heen zijn zoveel mensen die lijden. Laten we hen troosten. Laten we hun de hulp bieden die ze nodig hebben. Dit is echte liefde voor God. Dit is echte spiritualiteit."

Niet ver van onze ashram in Chicago, Illinois, VS, is een school voor een hulpbehoevende gemeenschap. De families van de 900 kinderen die op deze school zitten, leven op of onder de armoedegrens. Voor de meeste kinderen rijdt er geen bus, dus moeten ze naar school lopen, hoewel de temperatuur in de winter kan dalen tot 29 graden onder nul. Toen de school onze ashram voor hulp benaderde, reageerde Amma op een ongekende manier.

In India zijn de vrouwen in Uttarakhand nog steeds aan het bijkomen van de overstromingen in 2013. Velen werden weduwe door de overstroming en het breien dat Amma's vrijwilligers hun hebben geleerd als onderdeel van het Mata Amritananda-mayi hulpprogramma bij rampen, is hun enige bron van inkomsten. Voordat ze dit werk leerden, kwamen zelfmoord en depressie veelvuldig voor bij de overlevenden van de overstroming. Nu zijn er dankzij Amma's begeleiding meer dan zestig vrouwen bezig met het breien van wollen mutsen om de arme kinderen in Chicago warm te houden. In dit verhaal zijn er geen verliezers, alleen maar winnaars. De kinderen in Chicago kregen warme kleding en een verbinding met een veel grotere wereld dan ze zich ooit hadden kunnen voorstellen. De vrouwen in Uttarakhand kregen een financiële beloning, konden trots op hun werk zijn en kregen de voldoening dat hun inspanning een verschil maakte voor anderen in nood. Maar misschien waren de echte winnaars wel de vrijwilligers: zij die door Amma waren geïnspireerd om enige tijd dienstbaar te zijn aan de anderen in dit verhaal. Hierdoor veranderden ze en werden hun geest en hart verruimd door de bijzondere vreugde van het dienen onder Amma's leiding.

Onmiddellijk na de rampzalige aardbeving in Haïti in januari 2010 die een kracht van 7 op de schaal van Richter had, werd een team van Amma's toegewijden uit de VS onder leiding van Br. Dayamrita naar Haïti gestuurd om de situatie te beoordelen, te bekijken wat er nodig was en vast te stellen hoe Embracing the World kon helpen. De dag na de aardbeving kwam het team met een privévliegtuig aan, de enige mogelijkheid om naar het eiland te vliegen omdat commerciële vluchten geen toestemming hadden om in Haïti te landen. Daarna sloot het team zich aan bij een van de ziekenhuisteams uit Florida die waren ingevlogen om te opereren. Omdat de Haïtianen gedesoriënteerd waren, veel leden en velen ook niet wisten wat er met hun geliefden was gebeurd, werd een belangrijk deel van de tijd besteed aan het troosten van de mensen, ondanks de taalbarrière. Zonder woorden omhelsde het team de mensen, zat bij hen en huilde met hen mee.

Natuurlijk werden er ook andere zaken geregeld. Ondanks de totale chaos in het land werd er een voorraad rijst en bonen gevonden die verpakt en verdeeld werd onder de mensen die niets te eten hadden.

Honderdduizenden mensen stierven tijdens de aardbeving. Voor degenen die het overleefden was het leven ongelooflijk moeilijk. Toen het duidelijk werd dat de meeste huizen vlakbij het dichtbevolkte epicentrum van de aardbeving in puin lagen, werden de mensen gedwongen om in de parken van het centrum van Port-au-Prince, de hoofdstad, te verblijven. Het spreekt vanzelf dat er geen bescherming tegen de elementen zou zijn nu de regen spoedig zou losbarsten. Embracing the World kon regelen dat er een scheepslading zeildoeken door een bedrijf uit Florida werd bezorgd, die een groot verschil betekenden voor duizenden dakloze families.

Tijdens een vervolgbezoek aan Haïti een paar weken na de aardbeving, werd het duidelijk dat schoolkinderen, van wie er velen wees waren geworden, het schoolgeld niet konden betalen. Er werden dertig kinderen geïdentificeerd die één of beide ouders hadden verloren in de aardbeving. Amma bood aan om hun maandelijkse schoolgeld voor de middelbare school te betalen ongeacht hun leeftijd of klas om te proberen hen op school te houden. Veel van deze scholieren doen nu hun middelbare schoolexamen en kijken dankbaar uit naar een carrière als dokter of leraar.

De volgende alinea werpt licht op Amma's visie op onderwijs. "De situatie in het onderwijs vandaag de dag is dusdanig dat we een bepaalde school moeten specificeren als een instelling die 'op waarden gebaseerd onderwijs' biedt. Dit houdt in dat waarden niet een integraal onderdeel van het onderwijs uitmaken. Maar de term 'op waarden gebaseerd' moet in feite als overtollig worden beschouwd omdat echt onderwijs een opvoedkundige filosofie bevordert die gebaseerd is op spirituele, morele, sociale en culturele ontwikkeling. Hierbij worden studenten in staat gesteld om hun eigen morele en ethische kompas te ontwikkelen, dat aangeeft wat goed en verkeerd is. Helaas zijn waarden en onderwijs tegenwoordig in tweeën gesplitst. Datgene wat leven, individu, samenleving en natuur verbindt, ontbreekt in het huidige opvoedkundige systeem. Dit ontbrekende element is spiritualiteit, spirituele waarden."

De schoonheid van het leven en de ervaring van geluk hangen niet af van het vergaren van steeds meer spullen. De eigenschappen die je omhelst zijn belangrijker. Of je nu het hoofd van een gezin bent, directeur van een organisatie of leider van een land, als je een zorgzame houding hebt, nederig in je benadering bent en de neiging hebt om je eigen persoonlijke belangen en gemak op te offeren voor anderen, zal je herinnerd, aanbeden en geliefd worden als iemand die werkelijk onvervangbaar is. Je naam en je daden zullen altijd een baken van licht voor de mensheid blijven.

Amma's spiritualiteit is niet losgekoppeld van de wereld, maar omarmt de wereld juist. Voor Amma is spiritualiteit niet gescheiden van de wereld. Het maakt juist een belangrijk deel van ons alledaagse leven uit. Voor haar is het leven zowel logisch als mysterieus, misschien meer mysterieus dan logisch. Amma creëert een prachtig samengaan van deze twee aspecten van het leven. Als een volmaakte, onvergelijkelijke katalysator transformeert Amma ieder leven dat zij aanraakt.

10 | ONBAATZUCHTIGHEID IS INNEMEND

"Atheïsme is onmogelijk," volgens recente studies. Onderzoekers zeggen dat zelfs atheïsten die roepen dat God niet bestaat geloven in een majestueuze kracht zonder begin of eind. Zelfverklaarde atheïsten weten hun geloof echter handig te verbergen.

Sommige wetenschappers beweren: "Geloven is mensen aangeboren, atheïsme niet. Geloof in God is een intrinsiek onderdeel van iemands genetische constitutie en aard. Dat kan niet verwijderd worden. Daarom is atheïsme psychologisch onmogelijk."

Vroeger, maar ook in deze tijd, geloven de meeste wetenschappers in een hoogste macht. Degenen die proberen te bewijzen dat zo'n macht niet bestaat, denken misschien dat ze deskundiger en meer ervaren zijn dan degenen die het bestaan ervan hebben bewezen door directe ervaring. Hoe kan iemand, gegeven het beperkte intellect van de mens dat zich slechts kan bewegen binnen de grenzen van ruimte en tijd, de afwezigheid van een macht bewijzen die zulke beperkingen transcendeert?

Wetenschappers proberen het universum te beperken binnen de grenzen van ruimte en tijd en te omschrijven binnen hun 'wetenschappelijke' kaders. Tegelijkertijd moeten we de wormgattheorie, zoals uitgelegd door de eminente wetenschapper Albert Einstein, voor ogen houden. De wormgattheorie stelt dat een theoretische doorgang door ruimtetijd een kortere weg zou kunnen creëren bij lange reizen door het universum. Volgens deze theorie buigt ruimtetijd onder invloed van velden (bijvoorbeeld een zwaartekrachtveld). Dus om van één plek in de ruimte en de tijd snel naar een andere plek te reizen hoef je alleen de ruimtetijd te buigen. De wetenschappelijke wereld heeft de mogelijkheid van deze theorie nog niet helemaal uitgesloten.

Ik heb een interessant verhaal voor jullie. Het gebeurde in 1987, tijdens onze eerste reis door de Verenigde Staten, ter voorbereiding van Amma's eerste bezoek. We waren twee weken onderweg en ik miste Amma vreselijk. We waren toen in Mount Shasta in Californië. Mijn hart verlangde ernaar Amma's stem te horen. In die tijd was het erg moeilijk om internationaal te bellen naar een afgelegen dorp in India. In die tijd had de ashram slechts één landlijn. Ik probeerde via een Amerikaanse telefonist een gesprek aan te vragen naar Paryakadavu/Vallikkavu, district Quilon, Kerala omdat ik met de telefoon die ik had, niet direct kon bellen. De telefonist had geen idee waar Vallikkavu of Quilon lag. Niettemin stemde hij ermee in het te proberen. Vol verwachting wachtte ik tot na middernacht. Uiteindelijk ging ik met een bezwaard gemoed naar bed omdat er geen bericht kwam dat de verbinding tot stand zou komen.

Ik weet niet hoe laat het was en of ik wakker, in slaap of aan het dromen was, maar plotseling vulde de tipi (een ronde kegelvormige tent) waarin we verbleven zich met een aangenaam en zacht helder licht. Ik kon een onaardse geur waarnemen. Terwijl ik verwonderd toekeek, liep Amma glimlachend de tipi binnen. Ze kwam vlak bij mijn bed staan en zei heel liefdevol: "Mijn zoon, wees niet bedroefd. Amma is bij je." Ze herhaalde deze boodschap nog twee keer en was toen weg. Ze was helemaal verdwenen.

Bijna onmiddellijk daarop ging de telefoon. Werd ik wakker van de telefoon of was ik al wakker? Ik ben er niet zeker van. Toen ik de telefoon oppakte, was het de telefonist. Hij zei: "Uw internationale gesprek met Quilon wordt doorverbonden." Even later hoorde ik Amma's stem aan de andere kant van de lijn. Ze zei: "Mijn zoon, wees niet bedroefd, Amma is bij je." Ze herhaalde dit nog twee keer net als in het visioen. Voordat ik iets kon zeggen werd de verbinding verbroken.

Wat was mijn gevoel op dat moment? Het is moeilijk onder woorden te brengen. Het was intens. Een rustige, stille gemoedstoestand waarbij tranen van ongekende vreugde over mijn wangen rolden. Die gelukzaligheid bleef de rest van de nacht bij me en nog weken daarna.

De ervaring kan geïnterpreteerd worden als een verbeelding van de geest, de vervulling van een verlangen dat was opgeslagen in mijn onder- bewuste, misschien gewoon een droom. Of je kunt zeggen dat deze ervaring 'slechts elektrische hersenimpulsen waren die willekeurige gedachten en beelden uit onze herinneringen halen' die niets bijzonders betekenen. Of je kunt het ook uitleggen als een spel van protonen, neutronen en elektronen. Wat het ook was, een droom is een droom, zonder enige echte betekenis. Mijn ervaring was echter anders. Het was heel krachtig, voelbaar voor mijn zintuigen. Daarom geef ik er de voorkeur aan om, in plaats van de ervaring te analyseren vanuit een wetenschappelijk en logisch oogpunt, in Amma's goddelijke kracht te geloven om ruimtetijd te buigen. Dat vertrouwen geeft me een enorme inspiratie. Per slot van rekening is het voor iemand die in staat is de elementen te beheersen, geen onmogelijkheid. Dit is wat Einstein met de wormgattheorie aan de wereld liet weten, nietwaar?

Albert Einstein beschreef ook het beperkte perspectief waarmee wij tijd en ruimte zien: "Een mens is een onderdeel van het geheel dat wij universum noemen, een onderdeel dat beperkt is in ruimte en tijd. Hij ervaart zichzelf, zijn gedachten en gevoelens als iets wat van de rest is afgescheiden, een soort optische illusie van zijn bewustzijn. Het streven om jezelf te bevrijden van deze illusie is de enige essentie van echte religies. Niet het voeden van de illusie, maar proberen deze te overwinnen is de manier om gemoedsrust te verwezenlijken."

Of Einstein een gelovige of een atheïst was, valt te betwisten, maar hij beschouwde de inherente orde en de verborgen aard van het universum altijd met verwondering en eerbied.

In mijn veertig jaar bij Amma is er een eindeloze reeks van wonderbaarlijke ervaringen geweest, vele zijn niet in woorden uit te drukken. Laat me er één met jullie delen.

Op een dag, een paar jaar geleden, toen ik met een paar toegewijden in Amritapuri aan het praten was, sloot een man zich bij de groep aan. Ik had hem niet eerder gezien. Hij leek naar het gesprek te luisteren. Midden in het gesprek stelde hij mij plotseling deze vraag: "Wat is er zo bijzonder aan jullie guru Amma?"

Hij klonk niet als een toegewijde en zijn toon was ook niet vriendelijk. Met gevouwen tijdschriften en een agenda onder zijn arm leken zijn gezichtsuitdrukking en houding meer op die van een ondervrager.

Toen ik zijn plotselinge vraag hoorde, vond ik dat ik eerst moest weten wie hij was voordat ik zijn vraag beantwoordde.

"Waar komt u vandaan? Hoe heet u?" vroeg ik.

"Moet u mijn verblijfplaats weten voordat u mijn vragen beantwoordt?"

De Amritapuri ashram is open voor iedereen. Hoewel een meerderheid van de mensen volgelingen van Amma zijn, zijn er ook mensen die een andere religie aanhangen en er dwalen zelfs ongelovige mensen in de ashram rond. Meestal respecteren de bezoekers de atmosfeer, de belangrijkste omgangsvormen, regels en voorschriften. Dus een dergelijk gedrag was ongewoon en ongebruikelijk.

Dit had gemakkelijk onaangenaam kunnen worden. Ik hield mijn mond en herinnerde me de uitspraak uit de geschriften: *athithi devo bhava*, de gast is God.' Ik moet hem in overeenstemming daarmee behandelen. In ieder geval bewonderde ik zijn dapperheid omdat deze ontmoeting plaatsvond voor de hoofdingang van de grote gebedshal in Amritapuri, die toen helemaal vol zat met toegewijden.

Enige tijd waren we beiden stil. Toen zei mijn gast: "Ik heet... Ik kom uit... Ik ben hier voor een onderzoek."

"Wat onderzoekt u?"

"Ik wil weten of God hier is." De afkeer en minachting in zijn woorden waren onmiskenbaar.

Ik antwoordde: "God is overal, niet alleen hier. Ik geloof echt dat er niets is wat niet goddelijk is, zowel hier, daar of waar dan ook."

"Is dat niet enkel een irrationeel geloof?"

"Misschien. Wat is uw rationele mening?" vroeg ik.

"Dat er geen God is. Zo'n kracht bestaat niet. Ik geloof in de rede, niet in bijgeloof."

"Is dat ook niet een geloof omdat u zei: 'Ik geloof in de rede?' Waar is de logica als we alleen maar zeggen: 'Zo'n kracht is er niet?' Niettemin moet ik zeggen dat onze gedachten iets gemeen hebben: we zijn allebei gelovigen, nietwaar?"

"Misschien wel, maar er is een groot verschil tussen ons," benadrukte de gast.

"Maar toch blijft het feit dat er geen bestaan is zonder geloof. Je moet ergens in geloven, toch?"

"Dat doet er niet toe. Het feit dat u in God gelooft en dat ik een gezworen atheïst ben, geeft aan dat er een enorm verschil tussen ons is."

"Maar we zijn allebei mensen. En menselijkheid hebben we gemeen." Ik vervolgde: "Vriend, mag ik u iets vragen? Zoals ik het zie is atheïsme geen gebrek aan geloof en geen ontkenning van God. Het is een zienswijze op het bestaan van goddelijkheid die onze mentale vermogens transcendeert, of anders gezegd, een hoogste kracht. Het eerste wat u echter zei was: 'Ik wil weten of God hier is'. Betekent dat niet dat u het bestaan van God niet volledig kunt weerleggen? Als iemand weet dat er geen God is, waarom zou hij hier dan willen zijn voor een onderzoek naar juist dat onderwerp?"

Ik weet niet of het was omdat mijn antwoord een gevoelige snaar raakte, maar de man werd plotseling boos. "Zegt u me nu dat ik moet vertrekken?"

"Vergeef me, dat was absoluut niet mijn intentie. Als u het zo opvat, bied ik mijn excuses aan. Ik sprak alleen mijn twijfels uit over het onderwerp van ons gesprek."

Maar mijn woorden hadden hem enorm geïrriteerd. "Komen uw religieuze opvattingen en vertrouwen in God hierop neer? Heeft Amma u geleerd u zo te gedragen?"

Ik antwoordde: "Amma leert ons om menselijk te worden. Het spijt me verschrikkelijk dat mijn woorden u zo'n pijn hebben gedaan."

Ik probeerde hem op allerlei manieren tot bedaren te brengen. Ik verontschuldigde me meerdere keren, maar zijn boosheid werd niet minder. Ik kon niet begrijpen waarom hij zo boos was. Toen gingen we zonder nog iets te zeggen uit elkaar.

Het vervolg van dit voorval vond plaats op de binnenplaats van de Brahmasthanamtempel in Kozhikode.

Er was nauwelijks ruimte om te staan, zo enorm was de menigte. Amma ontmoette haar kinderen individueel. Ze deelde genade uit, maakte oogcontact en goot haar nectar van compassie in gelijke mate over iedereen uit. Ik stond op enige afstand, aan de rand van het podium en keek naar een darshan die uniek is voor Amma.

Er was een ontboezeming van harten naar haar toe. Sommigen stortten tranen van vreugde in de extase van zuivere devotie. Anderen waren stil geworden, geabsorbeerd in een meditatieve ruimte. Sommigen verloren zich in opperste vreugde, bij weer anderen waren de dijken van verdriet doorgebroken waardoor een stortvloed van tranen loskwam. Amma trok alles en iedereen naar haar moederlijke boezem. Haar universele moederschap herinnert ons aan de oneindige oceaan van hoogste liefde.

Terwijl ik dit allemaal gadesloeg, zag ik een man die zijn eerbied aan Amma betoonde door haar voeten aan te raken. Met de hoogste toewijding leunde hij op Amma's schouder. Toen tilde hij zijn hoofd op en zei iets tegen haar, knielde opnieuw, strekte beide handen uit om Amma's *prasad* te ontvangen en verdween toen in de menigte. Omdat ik Amma's darshan nauwlettend bekeek, herkende ik hem onmiddellijk; hij was de atheïst die ik in Amritapuri had ontmoet.

Ik ging vlug naar de ruimte met de monitoren van het cameratoezicht. Uit nieuwsgierigheid en om zeker van mijn zaak te zijn, keek ik wat er door de camera's was geregistreerd. Ik was zijn gezicht niet vergeten. Ja, hij was het inderdaad.

Maar wat me tot nadenken bracht was iets anders. Had hij een verborgen reden om hier te komen en Amma op te zoeken? Hij was niet zo dom om te denken dat niemand hem zou zien of hem in de menigte zou herkennen. Het was niet moeilijk voor hem om te raden dat ik hier ook zou zijn. Wat was er dan gebeurd in de tijd tussen onze ontmoeting in Amritapuri en nu? Ik wilde dit graag weten. Maar wie kon ik het vragen?

Er ging ongeveer anderhalf of twee uur voorbij. De darshan ging nog steeds door. Ik hoorde iemand op mijn deur kloppen. Toen ik de deur opendeed, zag ik een vrijwilliger staan. "Swamiji, er is iemand voor u." Nog voordat hij zijn zin kon afmaken, verscheen de bezoeker, mijn eigen atheïst. Ik kon mijn verbazing niet verbergen. Het moet mijn gezichtsuitdrukking zijn geweest die hem breeduit deed glimlachen. Ik zag dat hij veranderd was.

"Hoe gaat het ermee? Wat brengt u hier?" vroeg ik.

"Ik ben gekomen om Amma te ontmoeten."

Terwijl ik me afvroeg hoe ik moest beginnen en wat ik moest vragen, begon hij weer te spreken: "Ik weet zeker dat u zich onze ontmoeting in Amritapuri herinnert en de omstandigheden waaronder wij uit elkaar gingen. Voordat ik die dag vertrok, ben ik daar nog lang gebleven. Terwijl ik over het ashramterrein ronddwaalde, kwam er plotseling een man naar me toe en vroeg: 'Bent u hier om Amma voor het eerst te zien? Dan kunt u meteen naar de darshan gaan.'

Ik besloot dat dit een gelegenheid was om de 'Universele Moeder' persoonlijk te ontmoeten en haar vragen te stellen. Ik liep mee met de man naar de plaats waar Amma zat. Er waren andere mensen voor me die op hun darshan wachtten. Uiteindelijk was ik vlak voor Amma. Maar ze omhelsde me niet zoals ze dat bij iedereen deed. Voordat ik mijn mond open kon doen om de vragen te stellen die ik had voorbereid, lachte Amma en zei: 'Zoon, of God bestaat of niet is misschien discutabel, maar niemand kan ontkennen dat er mensen zijn die lijden in de wereld, toch? Hen dienen en liefhebben, dat is de echte betekenis van God. Amma staat altijd klaar om de voeten te wassen van iemand die de wereld onbaatzuchtig dient en dat heilige water blij op te drinken ongeacht wie het is. Boven een toegewijde met heilige symbolen, geeft Amma de voorkeur aan iemand die zulke symbolen niet heeft, maar die anderen belangeloos liefheeft.'"

De man vervolgde: "Ik voelde me alsof een bliksemschicht me ergens vanbinnen had geraakt. Ik was met stomheid geslagen. Niets deed het meer, mijn tong niet, mijn spraakvermogen niet en mijn gedachten niet. Toch keek Amma me aan en glimlachte. Een paar momenten later stond ik langzaam op en ging weg.

Ik liep tot aan de parkeerplaats achter de ashram. Die was helemaal verlaten. Terwijl ik onder de uitgestrekte hemel stond, voelde ik dat er een aangename bries zowel in me als buiten me waaide. Het was alsof iemand een deur had geopend die jaren dicht was gebleven.

Na deze gebeurtenis kwam ik nog een keer naar de ashram om Amma alles op te biechten en haar om vergiffenis te vragen. Ik wilde ook u ontmoeten Swamiji, maar dat ging niet omdat u weg was. Ik beschouw mezelf nog steeds niet als een toegewijde, maar Amma's woorden en haar aanwezigheid brachten een verandering in mij teweeg. Zij zijn aanwezig als een onvergelijkbare, onvergetelijke en onweerstaanbare kracht in mij die ik niet weg kan duwen of vergeten."

Hij besloot zijn uitleg met een diepe zucht. Toen werd hij emotioneel, pakte mijn beide handen stevig vast en hield ze vlak bij zijn borst. "Ik beweer niet dat ik een toegewijde ben en ook denk ik niet dat ik vertrouwen in wonderen heb. Persoonlijk denk ik echter dat het irrationeel van mijn kant zou zijn om een persoon als Amma niet te aanvaarden. Ik zou ongelofelijk stom zijn om een uniek persoon als Amma te ontkennen. Ik zou oneerlijk ten opzichte van mijn geweten zijn als ik deze grote schenkster, deze schenkster van zuivere liefde, die luistert als geen ander, die dit alles vlak voor mijn ogen doet, niet zou erkennen." Toen vertrok hij.

Terwijl ik hem in de verte zag verdwijnen, bleven zijn oprechte woorden in mijn geest weerklinken.

Amma's leven en aanwezigheid doen denken aan de diepte en uitgestrektheid van een oceaan die alle rivieren verwelkomt en ze allemaal even belangrijk vindt.

Het hart is het middelpunt van het menselijk lichaam. We kunnen het ook geweten noemen. De geest zit vol onzuiverheden en herbergt ontelbare emoties en gedachten. Het hart of geweten is de grondslag van dit alles.

In de moderne medische wetenschap is het hart slechts een orgaan dat bloed rondpompt naar de verschillende delen van het lichaam. De geschriften beschouwen het echter als de zetel van de ziel. Het hart symboliseert de hunkering om de hoogste kracht die latent in ons aanwezig is te leren kennen, om God te realiseren door een voortdurende meditatieve inspanning en om deze wijsheid te absorberen. Het hart vertegenwoordigt de liefde en het verlangen van de individuele ziel om zich over te geven aan het hoogste wezen en ermee samen te smelten. Dit zijn de verschillende betekenissen van het woord hart in spirituele uiteenzettingen.

Er zijn bijvoorbeeld momenten in mijn leven dat mijn hele wezen zich opent. Dit gebeurt vooral als ik bhajans voor Amma zing. Soms lijkt het alsof mijn hart gaat exploderen. Het is een spiritueel verheffende ervaring. Mijn hart stroomt over van liefde. Het is goddelijke extase. Er zijn geen woorden die dit gevoel echt kunnen beschrijven. Deze ervaring kan iedereen overkomen die werk als aanbidding beschouwt. Als je zulke momenten van onverklaarbare vreugde goed observeert, vind je de bron hiervan aan de linkerkant van je borst, waar het fysieke hart zich bevindt.

Waarom is Amma de Moeder van het Universum? Omdat we in haar aanwezigheid de volheid van het hart ervaren, het centrum van het universum. De subjectieve ervaring van God en Gods goddelijke eigenschappen, zoals liefde, zuiverheid, vrede, compassie, gelukzaligheid en gelijkmoedigheid, drukt zich uit als realiteit. Amma's fysieke aanwezigheid en handelingen zijn het bewijs dat *moksha*, de hoogste staat van het menselijk bestaan zoals beschreven in de *Veda's* en de *Upanishaden*, geen mythe is, maar een echte ervaring. Amma en haar goddelijke eigenschappen brengen het krachtige concept van *Jagadamba* (Moeder van het Universum) tot leven zoals beschreven in het hindoeïstisch geloof.

Daarom is Amma de Moeder van iedereen. Haar allesomvattende goddelijke moederschap is de kracht van Amma's onweerstaanbare aantrekking.

11 | ALTIJD GEVESTIGD IN SAHAJA SAMADHI

Is er iemand in deze wereld die niet mediteert? Als je nee zegt, klinkt je antwoord vergezocht, maar het zou de waarheid zijn.

Als we honger hebben, mediteren we over eten. Als we slaperig zijn is er geen andere gedachte. We vergeten tijd en plaats, we mediteren en roepen de godin van de slaap op. En het is niet nodig de vastberadenheid van de dief die uit stelen gaat te noemen. Of een baby die mediteert op de melk van zijn moeder. De concentratie van het roofdier dat zijn prooi besluipt is ook een vorm van meditatie. Bekend is ook de meditatie van de ooievaar die onbeweeglijk stilstaat om een vis in het ondiepe water te verschalken. Op dezelfde wijze mediteren planten en bomen ook, hoewel we ons er misschien niet bewust van zijn.

Meditatie is onze natuurlijk staat, het is natuurlijk voor ons innerlijke Zelf.

De essentie en de basis van meditatie is liefde. Als we nadenken over dingen, mensen en plaatsen waarvan we houden, wordt onze geest er dan ook niet één mee? Meditatie is de ononderbroken stroom van gedachten over één ding. Als er echter liefde in het spel is, ontwikkelt meditatie zich naar spirituele extase en bereikt zo een andere dimensie.

Wat gebeurt er met de minnaar die in eenzaamheid nadenkt over de zoete herinneringen aan een verrukkelijke liefde? Zijn stemming en verbeeldingskracht worden intens. Zijn ogen sluiten moeiteloos. Hij vergeet alles, al is het maar voor een paar tellen, en gaat er volledig in op. Hoewel hij de diepten van meditatie niet doorgrondt, is het niettemin een meditatieve ervaring.

De meeste mensen die het over liefde hebben, doelen vooral op een zuiver lichamelijke en emotionele ervaring. Eigenlijk is het geen liefde, alleen lust. En toch kunnen we niet expliciet zeggen: "Het is geen liefde." In Amma's woorden: "Het is het laagste niveau van liefde, zoals de onderste sport van een ladder. In plaats van daar te blijven, moeten we hem gebruiken om omhoog te klimmen. Als we dat doen verandert die liefde langzaam in meditatie."

De zeven centra in het lichaam, van de *muladhara* tot en met de *ajna chakra*[10], zoals die zijn beschreven in de *Kundalini Yoga,* zijn geen onderdelen van het lichaam die voor het oog waarneembaar zijn. Het zijn symbolische voorstellingen van een slapende spirituele kracht. Het gaat om een ultrasubtiele wetenschap en een innerlijke ervaring.

---

[10] *Chakra* = wiel; verwijst naar de zenuwknooppunten of psychische centra van bewustzijn; er zijn in totaal 7 *chakra's* die zich langs de ruggengraat bevinden, vanaf de basis tot aan de schedelholte. De *muladhara chakra* bevindt zich onder aan de ruggengraat, de *ajna chakra* tussen de wenkbrauwen en de *sahasrara chakra*, voorgesteld door een duizendbladige lotus, boven op het hoofd.

De energie van liefde is onbetwistbaar. Het is de zuiverste vorm van energie die een gewoon mens kan ervaren. De kracht hangt echter af van de zuiverheid. Hoe zuiverder de liefde, hoe groter haar vermogen.

De liefde die we voelen op het niveau van het lichaam en de emoties, bevindt zich in de *muladhara* (de onderste van de zeven *chakra's*). Gewoonlijk zijn er twee soorten liefde mogelijk op dat niveau. De liefde kan opstijgen tot het hoogste niveau van bestaan. Of hij kan, zoals bij de meeste mensen, op het laagste niveau blijven, de cirkel van lage emoties die door lichaam en geest worden gecreëerd.

De lotus neemt een vooraanstaande plaats in de hindoeïstische iconografie in. Het is een altijd groen en aantrekkelijk symbool van overvloed, schoonheid, spiritueel succes en eeuwigheid. Iedereen stopt om naar deze bloem te kijken, die zuivere glorie verspreidt hoewel hij opkomt uit modder.

De etherische schoonheid van de lotus is een metafoor voor de spirituele ontwikkeling van liefde die door sensualiteit verstrikt zit in de *muladhara chakra*. De roze lotus, die vanuit de modder opbloeit, is een symbool van de spirituele pelgrimstocht en vooruitgang van de aspirant vanaf de *muladhara* tot de duizendbladige lotus van de *sahasrara* (het hoogste punt van spiritueel bestaan).

De *muladhara* kenmerkt één uiterste van het bestaan. Als de liefde die daar verblijft wordt gezuiverd en verandert door *tapas*, maakt het een ontwikkeling door naar het andere uiterste, de duizendbladige *sahasrara*. Zo verandert lust, de laagste vorm van energie, in de hoogste, krachtigste en meest gezuiverde vorm van energie, wat onvoorwaardelijke liefde is. Dit is het opengaan dat we in de lotus zien.

Omdat het hoogste spirituele ontwaken niet te bevatten is voor de geest of het intellect, gebruikten de oude zieners het symbool van de bloeiende lotus, die uit de modder tevoorschijn komt en die opstijgt van vuil naar waardigheid, van laagheid naar verhevenheid. Het is een subjectieve ervaring. Misschien was de beste metafoor die de wijzen konden bedenken het opengaan van een bloemknop naar een bloem die in volle bloei staat. Het woord *sahasrara* in de geschriften verwijst naar oneindigheid. De *sahasra-dala-padma* (de duizendbladige lotus) stelt de ervaring van de oneindige Brahman voor, eenheid met de totaliteit, waarbij we terugkeren naar onze oorspronkelijke staat van oneindige gelukzaligheid.

Feit is dat meditatie de hoogste staat van liefde is. Als we die verheven staat bereiken, ondergaat liefde een metamorfose, hij wordt vormloos.

Als het verlangen om God te verwezenlijken een acute en felle innerlijke pijn wordt, wordt liefde gezuiverd in het vuur van dat verlangen. De intensiteit van dat verlangen is hetzelfde als *tapas*. Naarmate de diepte en alomtegenwoordigheid van liefde toeneemt, wordt het een zuivere aanwezigheid, die alle grenzen transcendeert. Dit bedoelt Amma als ze zegt: "Ik ben liefde, de essentie van liefde."

Iemand vroeg Amma eens: "Is er een verschil tussen liefde en meditatie?"

Amma gaf het volgende antwoord: "Zij die denken dat liefde en meditatie twee verschillende dingen zijn, hebben de diepte en betekenis van beide niet begrepen. Als liefde zich verdiept, wordt het vanzelf meditatie. Liefde is de kracht die de bloem van meditatie helpt groeien, bloeien en zijn

214

geur overal verspreiden. Eerst moet op verlangen gebaseerde liefde onbaatzuchtige liefde worden. Langzaam verandert het dan van verering van God met eigenschappen naar verering van de vormloze God. In die staat zie je alles als Gods glorie en schoonheid. De wereld wordt God."

Het woord meditatie is afgeleid van het Latijnse *mederi* dat genezen betekent. Woorden als medicijn, medisch, mediteren en medicatie zijn allemaal afgeleid van *mederi*.

We hebben medicijnen nodig om ziekten te genezen die het lichaam aantasten. Evenzo is meditatie noodzakelijk om de ziekten van de geest te genezen.

Om genezing te bevorderen zou het goed zijn, als we naast de medicijnen die we nemen om de ziekten van het lichaam te genezen, ook zouden mediteren. Als we het verband tussen medicijn en meditatie begrijpen, zal het verloop van de behandeling die dokters voorschrijven drastisch veranderen. Misschien is dit de betekenis van de oude Malayalam spreuk 'medicijnen en mantra'. Medicijnen betekent natuurlijk de juiste behandeling door een bevoegde arts en de voorgeschreven medicijnen. Voeg *mantra japa* (herhaaldelijk reciteren van een mantra) hieraan toe en je hebt de goddelijke formule die echt geneest.

Om de geest te beteugelen, vrede te verkrijgen en door meditatie het doel van spiritualiteit te bereiken moeten we zo geduldig en verdraagzaam zijn als de aarde. De patiënt die ziek in bed ligt kan zich niet veroorloven ongeduldig te zijn. Geduld is absoluut noodzakelijk voor genezing. Ongeduld kan leiden tot nadelige gevolgen.

Er zijn twee soorten ziekten: lichamelijk en geestelijk. Een slechte lichamelijke gezondheid kan door medicijnen genezen worden en een slechte geestelijke gezondheid kan door meditatie genezen worden.

Om de pieken van materialisme en spiritualiteit te overwinnen, moeten we houden van de activiteiten die we kiezen. We moeten die van ganser harte omarmen. "De kracht van liefde is als een raket en meditatie leidt ons naar de top," zegt Amma.

Van sommige wetenschappers en kunstenaars met een verbazingwekkend intellect is het bekend dat ze deze staat van meditatie hebben ervaren. Als we de werken van bepaalde grote dichters en schrijvers lezen, voelt het alsof de geheimen van het universum aan hun geopenbaard zijn, zo imposant was hun visie. Helaas vielen de meesten van hen, enkelen daargelaten, ten prooi aan de verleidingen van hun geest en leefden zich zonder zelfbeheersing uit, waardoor ze hun leven verwoestten.

Als dansers dansen, als zangers zingen en als musici hun instrument bespelen, lijken ze volledig op te gaan in een meditatieve staat. Niemand van hen kan echter in die staat gevestigd blijven of het rijk van oneindige gelukzaligheid ingaan. Ze blijven misschien enige tijd in die meditatieve staat. Daarna glijden ze terug in de gebruikelijke mentale conflicten en onrust. Dit is één reden waarom meditatie belangrijk is. Zoals Amma zegt: "Evenals eten en slapen, moeten meditatie en spirituele oefeningen een onmisbaar onderdeel van onze dagelijkse routine worden."

Zoals eerder vermeld, verhoogt de intensiteit van liefde de diepte van meditatie en maakt die tot heelheid. Als meditatie een middel van mentale zuivering en spirituele bevrijding wordt, zal de liefde waarop die gebaseerd is, getransformeerd worden. Het kan de zoeker naar de hoogste niveaus van het bestaan leiden. Amma zegt: "Als meditatie een ononderbroken stroom wordt, een voortdurende stroom, op dat moment ervaar je volledige eenheid met het geheel."

Amma is de hoogste staat van meditatie. De stilte, gelukzaligheid en schoonheid van meditatie zijn overduidelijk in al haar activiteiten aanwezig. Als we Amma met ons hele hart observeren, wordt die ervaring duidelijk voor ons. Geleidelijk kunnen we ons dezelfde ervaring eigen maken. De beste plek om ons de essentie van meditatie in ons op te nemen en meditatie zelf te worden is in de heilige aanwezigheid van een Satguru als Amma.

Amma zegt: "Een koud klimaat is nodig om appelbomen te kweken en ze vruchten te laten dragen. Ze groeien niet in Kerala. Als ze het al doen, dragen ze niet veel vruchten en ook zijn de appels niet zo zoet en smakelijk als appels die in een natuurlijke omgeving groeien. Maar appelbomen groeien overvloedig in Kashmir, omdat het klimaat daar gunstig is. Evenzo is de aanwezigheid van een Satguru het ideale en beste klimaat voor *sadhaks* die meditatie willen beoefenen en spiritueel willen groeien."

Het is de moeite waard om over deze woorden van Amma te mediteren: "Als de geest oplost in zuivere meditatie, is er geen weg terug. Als de geest hier eenmaal in is gevestigd, worden we het hart van het universum. Alles wordt ik. Ik doordringt iedere plek. We beginnen van alles aan te trekken. We krijgen alles. We worden louter aanwezigheid, in staat om iedereen te verheffen, een liefdevolle aanwezigheid die alle wezens raakt net als een stromende rivier of een voorbijkomende bries."

Sahaja samadhi is de hoogste staat van bestaan, waar we volledig gevestigd zijn in de onveranderlijke ervaring van eenheid met Brahman. Amma is de glorieuze en overvloedige aanwezigheid van de diepgewortelde wijsheid van de volmaaktheid van meditatie en compassie. Haar vorm en aanraking, geluid en stilte, zwijgzaamheid en welsprekendheid, eten en slaap, spel en lach, liefde en boosheid, blik en beweging zijn allemaal meditatie, de voortdurende manifestatie van *sahaja samadhi.*

12 | DE ALLESOMVATTENDE AARD VAN DE GURU

Amritapuri is altijd gelukzalig. Er wordt onophoudelijk *Guru Purnima* gevierd dankzij de aanwezigheid van volmaaktheid in de vorm van Amma. Ieder moment met Amma is *Guru Purnima*. Haar aanwezigheid verspreidt de gloed van Zelfkennis over de aarde. Iedere zandkorrel en ieder luchtmolecuul in Amritapuri zit vol met enorm feestelijke vibraties. Een flits van die kennis moet Sri Ottur Unni Nambudirippads hart verlicht hebben, want de allereerste mantra van Amma's *Ashtottaram* (108 namen) die hij componeerde was *Om purna brahma svarupinyai namah* – Ik buig voor haar, die de volledige manifestatie van Brahman is.

Een Satguru is inderdaad de belichaming van het Allerhoogste. *Guru Purnima* is de dag waarop de leerling met toewijding en vol verering de sublieme glorie en allesdoordringende aard van de guru gedenkt.

De vijftiende-eeuwse Indiase mysticus en dichter Kabir beschrijft de grootsheid van de Satguru als hij uitroept: "De guru is groots voorbij woorden en groots is het geluk van de leerling." Hij bezong de glorie van de guru aldus: "De genade van mijn ware guru heeft mij ertoe geleid om het onbekende te kennen. Ik heb van hem geleerd om zonder voeten te lopen, zonder ogen te zien, zonder oren te horen, zonder mond te drinken, zonder vleugels te vliegen. Ik heb mijn liefde en mijn meditatie gebracht naar het land waar geen zon en maan is, geen dag en nacht. Zonder te eten heb ik de zoetheid van nectar geproefd. Zonder water heb ik mijn dorst gelest. Waar het antwoord vol vreugde is, daar is volledige blijheid. Voor wie kan die vreugde geuit worden?"

Voor de leerling is de guru alles. De vorm de guru en zijn grenzeloze compassie zijn het onderwerp van meditatie van de leerling. Zijn geest en intellect kunnen nergens anders heen. Leerlingen die zulke hoogten hebben bereikt, zijn zeldzaam. Zij zijn een wonder.

Amma zegt: "Spiritualiteit is een reis terug naar de ware bron waaruit we voortkomen. Spiritualiteit maakt deel uit van onze ontwikkeling die ieder van ons op een bepaald moment zal moeten beginnen, hetzij in dit leven of in volgende levens." Aan diegenen die vragen: "Wanneer?"

zegt Amma: "Nu. Hier. Dit moment is het meest geschikt om te gaan streven naar die realisatie. Wachten tot onze gedachten verdwijnen voordat we aan ons spirituele onderzoek beginnen, is als wachten tot de golven ophouden, voordat we in de oceaan gaan zwemmen. We moeten naar binnen keren en met Zelfonderzoek beginnen zodra de nieuwsgierigheid opkomt om de waarheid over het bestaan te weten."

Als we een Satguru ontmoeten, als die menselijke manifestatie van universeel bewustzijn in ons leven verschijnt, moeten we niet langer dralen, want er is niets belangrijker dan dat in het leven van de mens. Twijfel niet, laat de geest je verlangen niet bederven.

Zodra de gedachte opkomt: "Ik moet mijn spirituele oefeningen zonder uitstel gaan beoefenen," moeten we geen moment verspillen om aan de slag te gaan. De geest is wispelturig. Gedachten schieten alle kanten op met de snelheid van de wind.

In de *Bhagavad Gita* vraagt de grote strijder Arjuna aan Heer Krishna:

> *cañcalam hi manaḥ kṛṣṇa pramāthi*
> *balavaddṛḍham*

tasyāham nigraham manyē vāyōriva
suduṣkaram

De geest is erg rusteloos, turbulent, sterk en
koppig, O Krishna. Het komt me voor dat
hij moeilijker te beheersen is dan de wind.

(6.34)

Krishna beveelt voor de oprechte twijfel van
zijn leerling een tweevoudige oplossing aan. Hij
adviseert *abhyasa* (constante oefening) en *vairagya*
(onthechting met juist onderscheid) om de geest
te temmen en te disciplineren.

Hoe blinken we uit op een bepaald gebied, of
het nu kunst, wetenschap, zaken, politiek of welk
onderwerp dan ook betreft? Voortdurend oefenen,
nietwaar? Het is als iemand die karate onder de
knie heeft gekregen. Als je het eenmaal beheerst,
kost het geen moeite meer, zelfs de ingewikkeldste
bewegingen stromen gewoon door je heen. Je
hoeft niet eens te denken. Het gebeurt gewoon.
Maar om die spontaniteit te bereiken, moet je
jaren onophoudelijk en doelbewust oefenen.
Getalenteerde kunstenaars, zangers, musici en
atleten beoefenen hun kunst allemaal uren achter
elkaar zonder een dag over te slaan.

Amma geeft een frappant voorbeeld van *vairagya*. Ze zegt: "Stel je voor dat je allergisch bent voor tarwe of melkproducten. Zie je er dan niet vanaf om pizza, *chappati* of ijs te eten als al je vrienden een van deze gerechten in een restaurant hebben besteld? Dit begrip komt voort uit het besef dat het consumeren van tarwe of melkproducten je een ernstige allergische reactie kan bezorgen, nietwaar? Op dezelfde wijze moet een *sadhak* tegenzin ontwikkelen voor wereldse genoegens, omdat hij weet dat ze nadelig zijn voor zijn spirituele groei."

Wat gebeurt er als iemand zonder onderbreking rent? Hij zal moe worden, uitgeput raken en uiteindelijk instorten. We moeten een ogenblik nemen om ons eigen leven te bekijken. Wat zijn we aan het doen? We houden een wedloop, lichamelijk, mentaal en emotioneel, waar of niet? Daarom heet dit de *ratrace*, een manier van leven in de moderne maatschappij waarbij mensen met elkaar concurreren om macht en geld.

We moeten ons bewustzijn toestaan om ruimer te worden. Hoe verruimen we ons bewustzijn? Amma zegt: "In werkelijkheid is er geen verruiming of samentrekking van bewustzijn. Het is altijd vol en onveranderlijk. Maar zolang we ons identificeren met lichaam en geest, lijkt ons bewustzijn zich te verruimen. Dit komt door kleine daden van vriendelijkheid, compassie, een oprechte glimlach, mooie en ontroerende woorden, anderen begrijpen, vergeten en vergeven en door spirituele oefeningen zoals meditatie, *japa* enzovoorts."

In het dagelijks leven zijn we continu bezig met 'doen' en 'ongedaan maken.' We zien het niet. Daarom zijn we ons er niet van bewust. Moeten we niet veel dingen ongedaan maken die we al zo lang in ons leven doen? We verhuizen van de ene stad naar de andere, van een oud huis naar een nieuw huis, van een bekende buurt naar een onbekende, van het ene kantoor of werkomgeving naar een nieuwe. Alle kleinere en grotere overgangen in ons leven betekenen dat we sommige van onze oude gewoonten opgeven en nieuwe leren. Dit noemen we *abhyasa*.

We beschikken over het innerlijke vermogen om spirituele eigenschappen te ontwikkelen, mits we oprechtheid en enthousiasme hebben om dat te doen. Dit proces houdt ook *vairagya* in, want als we van de ene situatie naar de andere gaan, moeten we ons ook van de eerste losmaken. Als we zo naar het leven kijken, zijn we voortdurend bezig met het beoefenen van *abhyasa* en *vairagya*. Als ons doel Godsrealisatie is, moeten de houding en de intensiteit van dit proces ook verbeterd worden.

De gedachtegolf die op dit moment opkomt, zal verdreven worden door de golven die erop volgen. Een eindeloos evolutionair proces vindt in ons plaats, waarbij de luidruchtige toekomst het heden naar de vergetelheid van het verleden duwt. Zo werkt de geest. Als we daarom niet onmiddellijk volgens onze positieve impulsen handelen, zullen ze hun kracht verliezen en verliezen we misschien een gouden kans om in de diepten van ons eigen Zelf te duiken.

Spiritualiteit is de zoektocht naar onze eigen werkelijkheid en het onderwerp van studie is ons eigen Zelf. Er is niets belangrijker in deze wereld dan het kennen van ons Zelf. Het houdt in dat je het totale universele bestaan bezit. Als de geest door *tapas* wordt gezuiverd, wordt het bewustzijn onthuld "ik ben God, ik ben Alles." Met het dagen van Zelfkennis transcenderen we voorkeur en afkeer. Besef van 'binnen' en 'buiten' vervaagt. We ervaren binnen de oneindigheid van *maha-akash* (grote ruimte, ofwel universeel bewustzijn).

Degenen die dit pad willen volgen moeten zich erop voorbereiden om de hoogste kennis te ontvangen. Als de zoeker de bereidheid om zich voor te bereiden ontwikkelt, om altijd waakzaam te zijn, verschijnt de Satguru. Tot dan ervaar je de Satguru niet, zelfs als ze lichamelijk in je leven aanwezig is. Dat bedoelt Amma als ze zegt: "Eerst moet er een leerling zijn. Dan pas is er een guru." De volledige bereidheid van de leerling om gedisciplineerd te worden is erg belangrijk. Het enige doel van de Satguru is om je wakker te maken uit de diepe slaap van onwetendheid. Als je dus geïrriteerd raakt in de aanwezigheid van een Satguru, is dat een goed teken. Dat wil zeggen dat de guru aan je werkt.

Leerling zijn vereist een voortdurende voorbereiding. Eigenlijk is ons hele leven een soort onophoudelijke voorbereiding. Zodra de navelstreng is doorgeknipt, begint ieder van ons aan een levenslange voorbereiding om een gelukkig en vredevol leven in deze wereld te leiden. Er is echter veel teleurstelling en frustratie in het leven van mensen uit de hele wereld, wat uiteindelijk resulteert in immens verdriet. De ironie is dat we ons voortdurend voorbereiden om te leven, maar eigenlijk nooit echt leven. Horen we mensen op hun sterfbed niet zeggen: "Mijn leven lang heb ik me slechts voorbereid om te leven, maar ik heb nooit geleefd." Daarom is de beoefening van spiritualiteit waarbij we ons van domme gehechtheden bevrijden en deze loslaten, zo belangrijk.

Er is een verhaal over een zeer rijke man die enorm gehecht was aan zijn rijkdom. Dus was het vanzelfsprekend dat hij duizend jaar wilde leven. Hij bezocht veel heilige plaatsen en vroeg veel heilige mensen om raad in de hoop zijn wens te vervullen. Toen hij op een keer op pelgrimstocht was, vertelde iemand hem dat er een oude grot in de Himalaya was, waarin een klein waterstroompje was dat zijn levensduur aanmerkelijk kon verlengen. Hij ging er onmiddellijk heen en vond de stroom. De man was extatisch. Opgetogen maakte hij met zijn hand een kommetje en stond op het punt om het water te drinken. Plotseling hoorde hij een stem: "Doe het niet. Denk goed na voor je het water drinkt." De man keek om zich heen. Het was een kraai. De man vroeg de vogel, "Waarom? Heb je een gegronde reden voor wat je zegt?" De kraai zei: "Ja, dat heb ik. Ik heb ooit het water van die stroom gedronken. Nu gaat mijn leven alsmaar door, maar ik ben totaal ongelukkig en ontevreden." De kraai vervolgde: "Ik heb alles gezien in het leven, alles meegemaakt: naam, faam, macht, liefde, succes, mislukking enzovoorts. Ik ben de koning van de kraaiengemeenschap geweest. Ik heb veel vrouwen gehad, zoveel kinderen. Alles wat je maar kunt bedenken, heb ik gehad. Nu heb ik er genoeg van en wil dit leven op de een of andere manier beëindigen, maar dat kan ik niet. Ik heb zelfs geprobeerd zelfmoord te plegen. Dat mislukte ook, omdat ik moet wachten totdat mijn voorbestemde levensduur voorbij is. Mijn vriend, om heel eerlijk te zijn, ik lijd enorm, dat is niet te beschrijven. Dus neem mijn verzoek in overweging en drink het water niet." Men zegt dat de rijke man de werkelijkheid van het leven begreep en hij de grot verliet zonder van het water te drinken. Dit verhaal is een metafoor die laat zien dat alles buiten je op elke moment een bron van ellende kan worden. Zelfs een lange levensduur zal je lijden niet beëindigen omdat gehechtheid onherroepelijk een verstoring in je natuurlijke staat van vrede en rust teweegbrengt.

Dit betekent niet dat we geen wensen of bezittingen mogen hebben. Dat kan wel degelijk, maar ze mogen jou niet bezitten. Dit is het geheim van een gelukkig leven. Zodra je probeert het vast te pakken en het te bezitten, zul je uit balans raken en zal de symfonie van je leven een melancholieke klaagzang worden. Het is de taak van een Satguru om de symfonie terug te brengen en uiteindelijk het pad voor ons vrij te maken om de toestand van transcendentie te bereiken. Maar we moeten dan bereid zijn om de guru te laten werken aan onze voorkeur en afkeer De guru staat altijd klaar, maar zal het werk niet beginnen als we het niet toestaan.

Ik heb veel mensen tegen Amma horen zeggen: "Ik had dit probleem nooit eerder, maar sinds ik met mediteren begon, blijven er eindeloos gedachten komen. Waarom is dit?" Het antwoord is dat we nooit eerder geprobeerd hebben om te mediteren en de geest tot rust te brengen. Meditatie is als het brengen van licht in een pikdonkere kamer. Als we het licht aandoen, wordt alles in de kamer zichtbaar. Op dezelfde wijze worden de slapende negatieve emoties zichtbaar als meditatie de geest tot rust brengt. Het is niet zo dat meditatie nieuwe gedachten en emoties creëert. Het liet je alleen zien wat er altijd al is geweest.

De directe leiding en goddelijke aanwezigheid van een Satguru geeft ons inzicht in de verschillende aspecten van spirituele *sadhana*, inclusief de noodzakelijke flexibiliteit om je *sadhana* te doen op verschillende tijden en plaatsen.

Sommige mensen zeggen: "Ik kan alleen mediteren in een bos of in een grot in de Himalaya." Dit is ook een gehechtheid, een obstakel op het pad naar Godsrealisatie. Sta me toe Amma te citeren. Ze zegt: "Waar je ook bent, je moet in staat zijn om te mediteren. Alle 24 uren moet je volledig onder controle hebben."

De aard van ons innerlijke Zelf is vrede en stilte. De geest is echter het tegenovergestelde. Zijn aard is om onrust en disharmonie te creëren. Met als resultaat dat de geest ons hindert, zodra we proberen terug te keren naar een vredige staat. Dan komen veel gedachten en emoties op. Onrust is niet de aard van het Zelf. Hetzelfde gebeurt met water dat kookt. De normale toestand is stilte. Water wil zijn oorspronkelijke toestand terugkrijgen en dus raakt het geagiteerd als het gekookt wordt.

In principe is het niet een voorwerp, persoon of situatie die de verstoring van de geest veroorzaakt. Het is zelfs geen fysieke of psychologische relatie. Geen van deze aspecten kan pijn veroorzaken. Voelen we ons niet verdrietig of diepbedroefd om iets wat ver weg plaatsvindt, misschien aan de andere kant van de wereld, een ramp die een land of een groep mensen overkomt? Hebben we een fysieke relatie met hen? Nee. Dus is het niet de relatie zelf die de oorzaak is van het verdriet. De echte oorzaak is onze verkeerde waarneming van de wereld en zijn objecten.

De wereld is voortdurend in beweging. Verandering is een onvermijdelijke wet. Daarom zal gehechtheid aan iets of iemand spoedig veranderen in afkeer. Als je van iets of iemand houdt, ligt afkeer op de loer om je in beslag te nemen. Daarom adviseerden onze grote *rishi's* om boven onze emoties uit te stijgen en ons te concentreren op ons Zijn, ons ware Zelf.

Vlak voordat de Kurukshetra-oorlog begon, had Arjuna het ongekende geluk om Heer Krishna's kosmische vorm te zien. Denk je dat gezegende moment eens in! Dat buitengewone visioen was Gods antwoord op een unieke situatie.

Dat onaardse moment nam Arjuna mee naar de hoogten van verwondering en angst en hielp hem uiteindelijk om vergiffenis te vragen voor al zijn fouten en zich volledig over te geven aan de Heer.

> *yaccāvahāsārtham asat-kṛtō'si*
> *vihāra-śayyāsana-bhōjanēṣu*
> *ekō'tha vāpy acyuta tat-samakṣam*
> *tat kṣāmayē tvām aham apramēyam*

> En als ik U, op schertsende wijze, respectloos heb behandeld, terwijl ik speelde, rustte, zat, at, alleen of met anderen, voor dat alles smeek ik U om vergiffenis. (Bhagavad Gita, 11.42)

Op dat moment zag Arjuna niet langer de Krishna die tot een ogenblik geleden zijn wagenmenner was geweest en die hij als een gelijke had beschouwd, een vriend die met hem lachte en speelde en met hem sprak en met wie hij zowel de nabijheid als de conflicten had ervaren die deel uitmaken van vriendschap. Op dat gezegende moment zag Arjuna voor zich de Almachtige in een menselijke vorm. Het elfde hoofdstuk van de *Bhagavad Gita* beschrijft uitvoerig dit verbijsterende wonder:

"Met ontelbare monden en ogen, een grote menigte wonderbaarlijke taferelen, een totaalbeeld van hemelse sieraden, en opgeheven hemelse wapens..."(10)

Het was alsof de natuur ontelbare tongen had gekregen en elk atoom en iedere grasspriet met één stem tot Arjuna spraken. Door deze tongen kon Arjuna het geheim van *dharma* doorgronden.

De *vishva-rupa darshan* (visioen van de kosmische vorm) is de dialoog van God met de mens, een boodschap van het totaal van de kosmische krachten en het universele advies van de guru aan de leerling. Om de betekenis van de woorden die door belangrijke guru's zijn geuit te begrijpen is enkel kennis van het Sanskriet niet toereikend. We moeten voorbij de woorden gaan. Elk woord, elke punt, elke komma en puntkomma die ze uiten zijn een meditatie waard, omdat zij allemaal zijn doordrongen van hun heiligende adem.

De term zwaartekracht wordt gewoonlijk gebruikt om de aantrekkingskracht van de aarde aan te duiden. De aarde doet niets specifieks en toch wordt alles door haar aangetrokken. Wat we ervaren in de aanwezigheid van de Satguru is vergelijkbaar: het is de aantrekkingskracht tot de allesomvattende aard van de guru. Deze aantrekking is onbeschrijfelijk, onzichtbaar, oprecht en prachtig.

De guru leidt de leerling naar de mystieke bron van de oneindige kracht van het universum. Daarom is haar leermethode niet in overeenstemming met de gangbare kennis en logica. De leerling moet de rijpheid bezitten om het onderricht te ontvangen en vrij van vooroordelen zijn. De guru zet de ideeën en overtuigingen van de leerling volledig op zijn kop. Zij zal zijn ideeën over de wereld, het leven en relaties helemaal afbreken. In dat proces van herschepping, voelen we misschien dat de compassie van de guru soms ongenadig is.

Zijn leraren soms niet streng voor hun leerlingen als ze oprecht willen dat hun studenten goed studeren, een rooskleurige toekomst hebben, een hoge positie bereiken en hun taken verrichten met een houding van overgave? Die strengheid is alleen maar een masker dat de diepe liefde en zorg van de leraar voor de leerlingen verbergt. Als we zelfs de oprechte intenties van een gewone leraar die wereldse vakken onderwijst niet kunnen waarnemen, hoe kunnen we dan de werkwijze van een Satguru doorgronden als zij de leerling probeert voor te bereiden op het realiseren van het Allerhoogste Zelf?

Zoals het uitgestrekte uitspansel is de Satguru alleen maar een aanwezigheid. Het onderricht van de guru wordt niet overgebracht door druk of dwang. Niets zal plaatsvinden zonder de volledige toestemming van de leerling, zonder zijn totale ontvankelijkheid en overgave.

Zelfrealisatie is het hoogtepunt van geluk-zaligheid. Eenmaal opgegaan in die oceaan van *sat-chit-ananda* is er geen terugkeer mogelijk. In die non-duale staat voelen we misschien geen liefde of compassie voor de wereld en de mensheid. Slechts zelden komen er zielen terug, zoals onze geliefde Amma, die van nature een oceaan van genade is. Zij komen terug om de wereld te vooruit te helpen, om hulp te bieden aan hen die lijden en om spirituele aspiranten naar de Waarheid te bege-leiden. Zij stromen als een Ganges van liefde en compassie. Zij leven tussen gewone mensen als een van hen maar werken met buitengewone talenten. Zij zijn Satguru's, de goddelijke incarnaties.

Zelfs als de aarde baadt in het maanlicht, zelfs als dat licht het lichaam verkwikt en de geest troost, wijst de mens nog steeds naar de schaduwen van onvolmaaktheid op de volle maan. Evenzo hebben ook wij uit onwetendheid aanmerkingen op de volle maan van de onberispelijke aanwezigheid, zuiverheid en het goddelijk licht van de guru.

De guru is de belichaming van geduld en zal onbeperkt wachten tot de leerling zijn hart opent. Maar zij die leerling willen worden, moeten een helder begrip over hun eigen leven hebben, over wat ze echt willen. "Wat is mijn pad? Ben ik volwassen en wijs genoeg om *sannyasi* (asceet die afstand van de wereld doet) te worden meteen na *brahmacharya* (levensfase met spirituele studie)? Of is het mijn *dharma* om een gezin te stichten, dan *vanaprastha* mee te maken (zich terugtrekken uit wereldse verantwoordelijkheden) en dan het leven van een *sannyasi* te leiden?" Iemand die op het spirituele pad is, moet zich deze vragen oprecht stellen en de antwoorden vinden. Ik herinner me de woorden van Heer Krishna uit de *Bhagavad Gita*:

> *caturvidhā bhajantē mām janāḥ*
> *sukṛtinō'rjuna*

ārtō jijñāsur arthārthī jñānī ca
bharatarṣhabha

O Arjuna, beste onder de mensen, vier
soorten mensen aanbidden Mij: de
noodlijdende, de zoeker naar kennis, de
zoeker naar rijkdom en de wijze. (7.16).

Sommige mensen zoeken Gods hulp alleen als
ze ziek worden, als er examens aan komen, of als
ze hard geld nodig hebben. Zij zijn de *ārtha's* (de
noodlijdenden die vervulling van hun wensen
nastreven). Dan zijn er degenen die vakken als
geschiedenis, aardrijkskunde, muziek en literatuur
studeren en uit nieuwsgierigheid misschien ook
een blik werpen op het onderwerp God. Zulke
mensen behoren tot de tweede categorie toegewijden: *jijnāsus* (zoekers naar kennis). De volgende
categorie bestaat uit de *arthārthis* (zoekers naar
rijkdom). Zij willen rijkdom maar willen het
eerlijk verdienen, want hun doel is spirituele
bevrijding. In tegenstelling tot de andere drie
categorieën, willen de *jnānis* (wijzen) niets anders
dan God kennen.

Voordat we ons voorbereiden om leerling te
worden, zou het goed zijn om na te denken over

het advies dat Heer Krishna aan Arjuna gaf. We moeten ons afvragen: "In welke categorie hoor ik thuis?" en dan het antwoord vinden. De heer heeft geen voorkeur voor wie dan ook in deze vier groepen. De *jnani* staat dichter bij God dankzij zijn gedachten, daden en houding.

Heer Krishna was niet partijdig ten opzichte van de Pandava's of bevooroordeeld tegen de Kaurava's. Als we dat denken, hebben we het mis. De Heer, die een Satguru was en alles onpartijdig zag, stond boven voorkeur of afkeer. In zijn universele geest hadden vriend en vijand, edelmoedig en kwaad allemaal een gelijke plaats. Er is helemaal geen ruimte voor zo'n onderscheid omdat de hele kosmos bestaat in de *mahā -akash*, wat de ware aard van de Satguru is. Het universum komt voort uit die oneindigheid, bestaat erin en zal er uiteindelijk in oplossen.

De Pandava's namen hun toevlucht tot Heer Krishna. Zelfs tijdens de Mahābharata-oorlog, was hun enige verzoek dat Heer Krishna aan hun kant zou staan, zelfs als hij ongewapend was. Hoewel de Heer geen vijanden had, zagen de Kaurava's hem als vijand. Krishna kon daar niet verantwoordelijk voor worden gesteld. Het was een probleem in de geest en de houding van de Kaurava's. Als de Heer bevooroordeeld was tegen de Kaurava's, zou hij ze dan zijn Narayani leger van een miljoen riddersoldaten hebben gegeven? Heeft er ooit zoiets plaatsgevonden in de wereldgeschiedenis?

Als we een lichaam hebben, moeten we in deze wereld leven. Dit is ook het geval met Satguru's. Maar hun niveau van bewustzijn transcendeert het hele universum. Heer Krishna zegende deze aarde 5000 jaar geleden met zijn aanwezigheid, terwijl Amma hier nu bij ons woont. Eeuwen gaan voorbij, maar het niveau van bewustzijn waarin Satguru's verblijven en van de woorden die ze uiten, is één en hetzelfde. Amma verblijft in hetzelfde hoge niveau van bewustzijn als waarin Heer Krishna gevestigd was.

Net als Heer Krishna is ook Amma neergedaald uit dat hoogste rijk van bewustzijn naar deze wereld, alleen uit haar grenzeloze compassie met het lijden en met de spirituele zoekers die hun leven hebben gewijd aan Godsrealisatie. Grenzeloze compassie is de enige reden dat zij een menselijke vorm aannemen, in ons midden werken en een enorme bron van inspiratie voor ons zijn. Er is geen andere verklaring.

Als *sat-chit-ananda* een menselijke vorm aanneemt, naar de aarde afdaalt en als de Ganges van Amrita (onsterfelijkheid) stroomt, zijn er mensen die erin zwemmen, anderen nemen er een bad in, sommigen drinken eruit en anderen spugen erin. Iemands gedrag hangt af van zijn onderscheidingsvermogen en mate van rechtschapenheid. Niet dat het de rivier iets kan schelen. Hij kan alleen stromen en zal doorgaan met stromen. Niemand kan die eeuwige stroom van Amritapuri naar de rest van de wereld stoppen. Bij Amma wonen is hetzelfde als bij God wonen.

13 | STORTVLOED VAN GENADE

"Hoewel de zon ver weg aan de hemel staat, bloeien de lotusbloemen op aarde toch. Zo ook is afstand geen belemmering als het om liefde gaat." Dit zijn Amma's woorden. Zij die helemaal in de wereld van de logica en het intellect opgaan, vinden het moeilijk de diepte van deze analogie te doorgronden. Maar het opengaan van de hartlotus en de ervaring van zijn onaardse schoonheid en geur zijn niet onbekend voor degenen van wie het hart de stroom van zuivere liefde heeft gekend. Mijn leven is een oneindige opeenvolging van zulke wonderbaarlijke ervaringen geweest.

Laat me zo'n ervaring delen, die plaatsvond aan het einde van Amma's Japanse en Noord-Amerikaanse Tour in 2017. Of het nu in India of ergens anders is, Amma reist van de ene plaats naar de andere over land. Een karavaan bussen met honderden toegewijden vergezelt haar. Volgens de planning zou Amma Toronto in Canada vier dagen bezoeken. Hier zouden we *Guru Purnima* vieren. Daarna zouden Amma en de meereizende groep naar India terugkeren. Veel toegewijden kwamen uit alle delen van de VS en Canada naar Toronto voor *Guru Purnima*.

Waar ter wereld we ook reizen, er is 's avonds altijd een onderbreking voor thee en avondeten. Deze vaste gewoonte in Amma's reizen staat bekend als de *chaistop*. Als we door India reizen, kunnen dergelijke pauzes overal zijn, op afgelegen plekken of parken, langs de kant van de weg of bij een tankstation, op een akker of in een recreatiegebied. In het westen zijn deze pauzes op daarvoor aangewezen plekken zoals een openbaar park. Daar gaat Amma met haar kinderen zitten. Meditatie is het eerste, gevolgd door devotionele liederen, een vraag- en antwoordsessie en gebeden

voor wereldvrede. Vaak vraagt Amma ook de kleine kinderen die meereizen om verhaaltjes te vertellen en aan de ouderen om over een bepaald onderwerp te spreken. Daarna deelt Amma aan iedereen eten uit.

Na haar programma's in Washington DC vertrok Amma met de karavaan bussen naar Toronto. De Niagarawatervallen zijn ongeveer 10 minuten van de Canadese grens. Dat jaar hadden we de chaistop in een park direct naast de Niagarawatervallen. Aan de ene kant waren de Niagarawatervallen, een van de wereldwonderen, en aan de andere kant was de glorieuze aanwezigheid van het wonder dat bekend is onder de naam Amma. De geschriften zeggen dat een gerealiseerde meester het grootste wonder is.

Na de gebruikelijke activiteiten tijdens de chaistop vertrok de groep naar de Canadese grens. Juist toen Amma's auto de weg op wilde rijden die naar de grens leidde, zei ze plotseling, zonder aanwijsbare reden: "Stop alsjeblieft de auto. We kunnen iets later vertrekken." Toen ik dat hoorde, kreeg ik een bang voorgevoel.

"Wat is er Amma?" vroeg ik.

"Oh, niets!" antwoordde Amma.

De toon van haar stem leek ergens op te wijzen.
Ik stapte uit de auto en vroeg me af: "Waarom zou
Amma ons vragen de auto te stoppen?" Omdat ik
niets kon afleiden uit de huidige omstandigheden,
hield ik op te proberen een verklaring te vinden.
Uit ervaring weet ik dat alleen Amma in staat is
om de betekenis en het belang van haar woorden
en daden te begrijpen, in het bijzonder op dit soort
momenten waarbij ze zonder aanwijsbare reden
vroeg om de auto te stoppen.

Toen ik daar stond, voelde ik dat ik mijn
paspoort tevoorschijn moest halen waarin mijn
Canadese visum was geprint samen met andere
relevante documenten om door de douane te
komen. Het Canadese visum zat in mijn laatste
paspoort. Omdat de visa voor een paar andere
landen in oudere paspoorten stonden, waren de
oude paspoorten samengevoegd met de nieuwste.

Om het visum voor elk land snel op te kunnen
zoeken had ik Post-it notities in verschillende
kleuren op de betreffende bladzijden van de visa
geplakt. Ik sloeg de pagina open met het Canadese
visum. Toen ik het controleerde, besefte ik dat dit
visum in mei dat jaar was verlopen, twee maanden
geleden. Eerst dacht ik dat ik de Post-it notitie op

de verkeerde bladzijde had geplakt. Het was per slot van rekening al juli. Ik ging elke bladzijde van de drie paspoorten die ik had langs. Alle Canadese visa die ik had waren in voorgaande jaren verlopen. Ik controleerde en controleerde het nog een keer. Ik zag geen geldig visum.

De toegewijden die met ons meereisden, onderzochten mijn paspoorten ook grondig. Uiteindelijk werd het duidelijk dat ik geen geldig visum had. Ik kon Canada niet in.

De taak om visa te regelen voor de *sannyasi's* die met Amma naar het buitenland reizen, is de verantwoordelijkheid van een bepaalde *brahmachari*. Er was hiermee in al die jaren niets misgegaan. Toen ik hem riep om te vertellen wat er aan de hand was, speet het hem enorm en was hij verbijsterd. Hij had geen idee hoe dit had kunnen gebeuren.

Toen de realiteit van de situatie tot me doordrong, was mijn eerste gedachte: "Ik kan dan niet de *pada puja*, het aanbidden van Amma's voeten, op *Guru Purnima* doen. Mijn gewoonte dat ik dit al meer dan 30 jaar doe, wordt doorbroken."

Ik informeerde Amma die in de auto zat, dat ik geen visum had. "Zoon…" Dat was alles wat ze zei. Haar stem had alle bezorgdheid van een moeder. Toen zei ze langzaam: "Amma voelde dat er iets niet in orde was. Daarom vroeg ze plotseling om de auto te stoppen." Niemand zei iets. "Wat ga je doen?" vroeg Amma.

Ik was met stomheid geslagen. Donkere golven van pijn begonnen mijn hart te vullen, wachtend om open te barsten. Ik keek Amma in haar ogen. "Amma begrijpt het hart van haar zoon." Dit is wat haar ogen kenbaar maakten.

Toen zei Gautam Harvey, een Amerikaan die in Amritapuri woont: "Laten we het toch proberen. Laten we de ambtenaar alles vertellen. Wie weet, helpt hij ons om een uitweg te vinden."

Ik vroeg Amma toestemming. "Probeer het." Er was wat twijfel in Amma's woorden en gelaatsuitdrukking.

"Verwacht niets. Laten we ons geluk in ieder geval beproeven," suggereerde Gautam.

We regelden een andere auto. Ik stond te kijken toen Amma's auto wegreed. Ik voelde dat de tranen die ik inhield spoedig los zouden barsten. Ik onderdrukte mijn verdriet en stapte snel in de auto. We bereikten spoedig het Canadese douanekantoor aan de grens. We legden de situatie uit. Zoals verwacht, kreeg ik geen visum en er werd me gezegd naar de VS terug te keren.

Vlak bij de Canadese grens is de Amerikaanse stad Buffalo. Bharat Jayaram, een professor aan de universiteit daar, is een naaste toegewijde van Amma. We besloten die nacht in zijn huis te verblijven. Toen we zijn huis bereikten, was het al over enen 's nachts. Bharat nodigde ons uit om te eten. Ik was nog steeds aan het bijkomen van de schok van de gebeurtenissen. Ik had dertig jaar *pada puja* voor Amma gedaan op *Guru Purnima*. Ik had het niet één keer gemist. Die gewoonte zou nu doorbroken worden. Met die pijn die als een razende brand in mij woedde, kon ik er toch niet aan denken om mijn honger te stillen?

Mensen die bekend zijn met immigratiewetten waren van mening dat het onwaarschijnlijk was dat ik binnen twee dagen een Canadees visum kon krijgen. Maar ze waren het ermee eens dat er niets mis mee was om direct een aanvraag in te dienen bij het Canadese consulaat in New York. Ook Amma zei me dat te doen. Ik besloot de volgende dag het eerste vliegtuig naar New York te nemen. Sneha (Karen Moawad) die op Internationale Programma's aan de Amrita Universiteit werkt, stemde ermee in om mee naar New York te vliegen om me te helpen.

Tegen de tijd dat ik naar bed ging, was het twee uur 's nachts. Ik was aan wanhoop ten prooi gevallen. Tranen bleven maar stromen. Mijn dierbare Amma was nu in Toronto. Het leek onmogelijk om een visum te krijgen, vooral omdat het weekend eraan kwam. Maar ik wist dat ik iets moest proberen om Amma's genade te laten stromen.

We kochten tickets naar de luchthaven LaGuardia in plaats van JFK om de reistijd naar Manhattan te verkorten zodra we aankwamen. Daarvandaan was het 30 minuten rijden naar het Canadese consulaat. Maar zelfs toen was het lot ons niet gunstig gezind. Vanwege stormachtig weer in New York was de vlucht vanuit Buffalo die om 9 uur zou vertrekken vertraagd. Eindelijk vertrok het vliegtuig uit Buffalo om 12.30 's middags. Toen we het consulaat bereikten, was het vrijdag na drieën. Het Canadese consulaat sluit om 3.00 uur op vrijdagmiddag. Mijn laatste uitweg om een visum te krijgen was mislukt.

Het consulaat zou pas de volgende maandag opengaan. Rond die tijd zouden Amma's programma's in Canada bijna voorbij zijn. Terwijl Sneha en ik ons voor de deur van het consulaat af stonden te vragen wat te doen, was er een vriendelijke beveiligingsbeambte die ons graag wilde helpen. Hij vertelde ons dat we naar het visumkantoor aan de andere kant van de stad moesten gaan dat tot 5 uur open was. We sprongen in een Uber en raceten naar het kantoor. Het visumkantoor kon echter niet beloven dat ze mijn paspoort klaar zouden hebben voor de vlucht naar India, dus besloot ik om daar geen Canadees visum aan te vragen.

Mijn belangrijkste doel om Canada in te komen was om bij Amma te zijn voor *Guru Purnima* of om in ieder geval dinsdag naar Toronto te vliegen om met Amma terug naar India te vliegen.

Het was duidelijk dat het geen zin had om het weekend in New York te blijven, maar nu hadden we de laatste vlucht naar Buffalo gemist dus moesten we de nacht in New York City doorbrengen. Ik kon mijn ogen nog geen tel dichtdoen. Om half drie 's nachts ging de telefoon. Het was Amma. Zonder inleiding zei ze: "Zoon, kom morgenochtend terug naar Buffalo. Gautam zal daar op je wachten om je naar de Canadese grens te brengen. Probeer het nog één keer. Per slot van rekening moeten we alles proberen, toch? De rest is Gods genade." Ze had me gebeld onder het darshan geven. Amma's woorden deden me aan het bekende vers uit de *Bhagavad Gita* denken.

> *karmaṇy-ēvādhikāras tē mā phalēṣu*
> *kadācana*
> *mā karma-phala-hētur bhūr mā tē*
> *sango'stvakarmaṇi*

Je hebt alleen controle en beheersing over activiteiten, maar nooit over de resultaten. Je moet niet de oorzaak van het resultaat van handelingen zijn. Wees niet geïnteresseerd in het krijgen van vrijstelling van activiteiten. (2.47)

Gautam belde me op en legde me uit dat we gingen proberen een TRP (tijdelijke verblijfsvergunning) te krijgen om Canada binnen te komen. In zeldzame gevallen hebben de douanebeambten de bevoegdheid om een TRP uit te geven. Hij herinnerde me eraan dat we Amma's toestemming hadden om door te gaan.

Intussen kon Gautam met de hulp van de tourinformatiegroep materiaal verzamelen over

Amma en mijn rol aan de Amrita Universiteit en Embracing the World. En dus vlogen Sneha en ik terug naar Buffalo om een andere controlepost aan de grens te proberen.

We vertrokken die ochtend vroeg naar Buffalo. Gautam wachtte ons op bij het huis van Bharat Jayaram. Om 10 uur vertrokken we naar de Peace Bridge aan de Canadese grens. We reden over één van de drie rijstroken naar een hokje van het Canadese grenskantoor. De ambtenaar vroeg om mijn paspoort. Terwijl hij mijn documenten doornam, vroeg hij beleefd: "Waarom heeft u twee dagen geleden geen visum gekregen?" Terwijl Gautam eerlijk uitlegde wat er was gebeurd, verklaarde hij dat we nu aanvullende documentatie hadden en vroeg of er een kans was dat ik een tijdelijk visum kon krijgen. De beambte keek de auto in, keek me aan en glimlachte. Hij zei toen kalm en beleefd: "Ik zal niet zeggen dat het onmogelijk is om een tijdelijk visum te krijgen. Er zijn echter veel voorschriften voor het uitgeven van zo'n visum. Er moeten veel documenten overlegd worden. Het is dus erg moeilijk om zo'n visum te krijgen."

Ik was diep onder de indruk van de vriendelijke toon en de beleefdheid van de ambtenaar. Hij vroeg ons naar het immigratiekantoor in het gebouw ernaast te gaan.

Daar wachtten veel mensen op toestemming om Canada in te gaan. Ik voegde me al biddend bij hen en wachtte op mijn beurt.

Onder degenen aan wie een visum was geweigerd, waren een vader en dochter. De vader probeerde zijn achtjarige dochter mee te nemen naar Canada. Hij was gescheiden. De immigratieambtenaar maakte hem duidelijk dat ze, hoewel zij zijn dochter was, geen visum kon krijgen zonder een brief van de moeder van het meisje. De vader keek hulpeloos en de dochter stond erbij, niet begrijpend wat er aan de hand was.

Een moeder en haar twee kinderen sliepen op de bank. Zij waren vluchtelingen. Een immigratieambtenaar stond vlakbij met eten voor hen.

De tijd leek niet vooruit te gaan terwijl ik wachtte. Na enige tijd werd mijn naam afgeroepen. Ik overhandigde de ambtenaar beleefd mijn paspoort en andere documenten. Hij keek streng. Nauwelijks naar de documenten kijkend zei de beambte nors: "U wist heel goed dat u een visum nodig had om naar de Verenigde Staten te reizen. Wist u niet dat u ook een visum nodig had om Canada in te komen? Waarom hebt u dat dan niet gedaan? Het kan me niet schelen wie u bent of hoe belangrijk u bent."

Helaas was deze ambtenaar het tegenovergestelde van de vriendelijke man buiten. Hij zei botweg: "U had wel de tijd om een visum voor de VS te krijgen, maar u nam niet de moeite om een Canadees visum te krijgen. Als het programma in Toronto zonder u door kan gaan, ga ik u geen visum verstrekken." Toen we hem uiteindelijk vertelden dat ik de laatste 32 jaar *Guru Purnima* had gedaan en dat de ceremonie niet door zou kunnen gaan als ik het niet kon doen, stak hij zijn handen in de lucht en zei dat hij de zaak aan iemand anders zou overdragen.

Het werd ingewikkeld. Het leek erop dat er geen hoop was.

We bleven wachten. Binnen enkele minuten kwam er een andere ambtenaar en nam plaats naast de eerste. Hij riep mijn naam. Toen ik bij de balie kwam, was ik blij verrast, het was de beleefde ambtenaar die we buiten in het hokje hadden ontmoet. Ik gaf hem alle documenten. Hij bracht het volgende uur door met het doornemen van ons materiaal. We wachtten vol spanning en baden voortdurend tot Amma.

"Mijnheer Puri!" Toen ik mijn naam hoorde, ging ik naar de balie. Wat zou hij zeggen? Ik keek hem angstig aan. "Ik zal u een tijdelijk visum toekennen. Maar alleen voor deze keer." Hij glimlachte. Ik kon mijn oren niet geloven, maar mijn hart fluisterde: "Genade, Amma's oneindige genade!" Hij stemde er niet alleen mee in een tijdelijk visum te geven, maar hij verlengde het met een dag voor het geval onze vlucht vanuit Canada vertraging zou oplopen. We wisten dat het Amma was die door deze man werkte.

Alle vier bedankten we om beurten die vriendelijke beambte uitgebreid. Terwijl ons hart overliep van blijdschap, vulden onze ogen zich met tranen.

Er zijn zoveel van zulke ervaringen geweest die niet kunnen worden geanalyseerd of verklaard. Toen we bij Niagarawatervallen vertrokken, vroeg Amma ons om onduidelijke redenen de auto te stoppen. Dat was een hint geweest. Als dat niet gebeurd was, zou ik bij de grens zijn gekomen met het onjuiste idee dat ik een geldig visum had. Toen

Amma vroeg om de auto te stoppen, controleerde ik mijn paspoort. Wat als mijn paspoort later bij het douanekantoor zou zijn gecontroleerd? Dan zou ik in de gevangenis terecht hebben kunnen komen voor een poging tot misleiding van de douane.

Sommige mensen vroegen zich af: "Had Amma je niet voordat dit allemaal plaatsvond, kunnen laten weten dat je geen geldig visum had?" Een dergelijke twijfel is niet ongegrond. Heer Krishna wist de hele tijd dat de Kurukshetra-oorlog onvermijdbaar was. Waarom vertelde hij Arjuna dan niet dat de oorlog was voorbestemd, ook al deden Krishna en de Pandava's hun best die te voorkomen?

Bij alle ervaringen in het leven, niet alleen deze ervaring van mij, kunnen we twee factoren niet negeren: de beperkingen van het menselijk intellect en de ondoorgrondelijke wegen van het universum. Ratio en intelligentie zijn noodzakelijk, maar het leven verloopt niet altijd volgens menselijke inzichten. Sommige zaken zullen altijd een mysterie blijven. Om zelfs maar een klein deel van de omvang en complexiteit waarmee het universum werkt te begrijpen en te waarderen, is liefde en vertrouwen nodig.

Menselijke intelligentie kan veel dingen verklaren. De onderliggende essentie van het leven is echter een mysterie. Misschien stelde Albert Einstein daarom wel: "Het mooiste wat we kunnen ervaren is het mysterieuze. Het is de bron van alle echte kunst en wetenschap. Hij voor wie emotie een vreemdeling is, die geen rust kan nemen om zich vol ontzag te verwonderen , is zo goed als dood. Zijn ogen zijn dicht."

In het elfde hoofdstuk van de *Bhagavat Gita* openbaart Heer Krishna zijn kosmische vorm aan Arjuna. De strijder ziet het hele universum, het bezielde en niet bezielde, het hele zonnestelsel, melkwegstelsels, hemel en hel bestaan in het lichaam van de Heer. De boodschap van de kosmische vorm is dat het individu niet afgescheiden van het totaal bestaat.

Wie kan de geheimen die de ondeelbare universele kracht in zaadvorm in ons heeft verborgen, aan het licht brengen?

Amma zegt: "We kunnen sommige situaties in het leven oplossen maar andere niet, hoe hard we het ook proberen. We moeten ons zo veel mogelijk inspannen als we de keuze hebben om een situatie op te lossen, maar we moeten ook accepteren dat er situaties zijn waar we die keuze niet hebben. Iemand die bijvoorbeeld probeert om 10 centimeter langer te worden, slaagt daar niet in, zelfs niet als hij de hele dag ondersteboven hangt of allerlei multivitaminen neemt. Hier hebben we maar één keuze en dat is accepteren en gelukkig zijn met wat we hebben. Er zijn echter situaties, zoals bij een afwijzing voor een sollicitatie, dat je telkens opnieuw kunt solliciteren totdat je een baan hebt."

Het is al voorbeschikt dat bepaalde gebeurtenissen moeten plaatsvinden in iemands leven, dat hij bepaalde ervaringen moet ondergaan. Dit zijn geheimen die verborgen zijn in de uithoeken van het hart van het universum. Geen macht kan dit veranderen. Niemand kan zulke voorbestemde zaken veranderen. Als we echter de bescherming van een goddelijke incarnatie of Satguru hebben, die de universele kracht heeft gerealiseerd, dan 'wat het oog had moeten raken, schampt misschien de wenkbrauw'.

Karna, de geweldige boogschutter, had een pijl afgeschoten op Arjuna's nek. Met zijn teen liet

Heer Krishna de strijdwagen zakken en de pijl schoot Arjuna's kroon van zijn hoofd in plaats van zijn nek te raken.

Amma verblijft in dezelfde hoogste staat als Krishna, Rama en Boeddha. Sri Ramakrishna Paramhansa zei eens tegen Swami Vivekananda: "Naren[11], hij die Rama is, hij die Krishna is, is in één vorm in dit lichaam Ramakrishna."

Als iemand vraagt: "Waar zijn Krishna, Rama en Boeddha?" zal ik resoluut zonder de geringste twijfel zeggen: "Ze wonen hier in Amritapuri, in de vorm van Amma die in het hart van de mensen ziet."

Goddelijke genade is een manifestatie van de kosmische vrije wil in werking. Het kan de loop van gebeurtenissen op mysterieuze wijze veranderen door zijn eigen onbekende wetten, die verheven zijn boven alle natuurwetten en deze door interactie kunnen veranderen. Het is de machtigste kracht in het universum. Het treedt op en handelt alleen als het aangeroepen wordt door totale overgave. Het werkt van binnenuit omdat God in het hart van alle wezens verblijft.

---

[11] Narendranath was Swami Vivekananda's naam voordat hij sannyasi werd.

Zijn fluistering kan alleen worden gehoord door
een geest die gezuiverd is door overgave en gebed.

Men gelooft dat de wijze Narada aan Vishnu
vroeg om de eenvoudigste *sadhana* die we bij het
aanbreken van Kali Yuga kunnen doen.

> *nāham vasāmi vaikuṇṭhe yōginām hṛdayē na
> ca*
> *madbhaktā yatra gāyanti tatra tiṣṭhāmi
> nārada*

> Ik verblijf niet in Vaikuntha (de woonplaats
> van Lord Vishnu), noch verblijf ik in het
> hart van de yogi's. O Narada, ik woon waar
> mijn toegewijden zingen.

Rationalisten lachen hierom en atheïsten min-
achten het, maar het bestaat. Goddelijke genade
is de neerdaling van God in het gebied van het
bewustzijn van de ziel.

14 | KOM SNEL, LIEVE KINDEREN

Een van de vele problemen en beperkingen die mensen hebben, is dat we alles alleen kunnen waarnemen vanuit het standpunt van een gewoon mens, zelfs als we naar God kijken. Telkens als we over God spreken, noemen we Hem of Haar de alomtegenwoordige, altijd aanwezige en alwetende oneindige kracht. Sommigen beoordelen God als partijdig, wreed, de oorzaak van alle verdriet en lijden, zowel persoonlijk als collectief. De geest kan niet anders. Hij kan alleen twijfelen. Twijfelen is zijn aard.

Onze zintuigen en organen om te handelen kennen duizend en een beperkingen. Toch twijfelen we zelfs aan God, de transcendente realiteit. Krishna, Rama en Boeddha waren allen geweldige spirituele meesters die één waren met God, die Gods onvoorwaardelijke liefde, alwetendheid en goddelijke schoonheid belichaamden. Ook zij werden echter bekritiseerd. Nu hebben we Amma onder ons. Zelfs als we naar de *pada puja* kijken, als we de *archana* reciteren, als we over haar mediteren of in Amma's goddelijke aanwezigheid zijn, komen er vragen en twijfels bij ons op. Waarom? Omdat we met ons beperkte inzicht de oneindige aard van Amma steeds vergeten. De prachtige fysieke verschijning van grote meesters is een sluier die hun werkelijke aard, die *sat-chit-ananda* is, bedekt.

Van nature verwachten mensen onmiddellijk resultaat. Als iemand adverteert met 'Verlichting in tien dagen' of 'Ogenblikkelijk ontwaken van *kundalini*', gaan we daarop af. We vinden het geen probleem honderden, zelfs duizenden dollars uit te geven aan zo'n 'verlichting' en 'ontwaken'. Als we dat doen, verliezen we ons gezond verstand. We zijn zo goed in het plannen en organiseren van alles in het leven, zowel enorme taken als routinedingen zoals ons ontbijt, lunch, avondeten, uitjes, vakanties etc. Maar we handelen erg dom als het om spiritualiteit en spirituele oefeningen gaat. We luisteren niet naar wat de geschriften zeggen, wat de grote wijzen en zieners zeggen.

Als verlichting en onbelemmerd geluk gemakkelijk bereikbaar waren, waarom deden de grote heiligen en wijzen, die ons de diepzinnige geschriften over de ultieme ervaring van Godsrealisatie hebben geschonken, dan al die moeite om jaren achtereen strenge ascese in acht te nemen? Was de Boeddha een dwaas dat hij alle koninklijke genoegens opgaf om *nirvana* te bereiken? Was Ramana Maharishi's zware *tapas* in de Pathala Lingam, een ondergrondse kerker, zinloos? Waren het intense verlangen en de onafgebroken gebeden van Sri Ramakrishna voor Moeder Kali een nutteloos drama?

Hoe zit het met Amma's jaren van intensieve meditatie, gebed, reciteren en afzien van eten en slaap als klein meisje? Zelfs Sri Krishna en Sri Rama mediteerden, hielden zich aan geloften en deden spirituele oefeningen. In deze context, over wat voor 'onmiddellijke verlichting en ontwaken

van de *kundalini*' praten zelfverklaarde guru's
dan?

Amma garandeert Zelfrealisatie in drie jaar,
misschien zelfs minder, mits we haar instructies
strikt, zonder falen en met absoluut vertrouwen
opvolgen. Maar inspanning is vereist. Uiteindelijk
komen we er echter achter dat zelfs die inspanning
niet nodig was, omdat we, op de eerste plaats,
nooit van God gescheiden zijn geweest.

Amma's hele bedoeling is om de zelfgemaakte
muur die we in ons hebben gebouwd, af te breken.
Het ego is ons zeer dierbaar. We zijn er zo aan
gehecht, terwijl een Satguru als Amma er gek op is
om ego's te vernietigen. Ze probeert voortdurend
om in ieder geval een barst te veroorzaken. Als er
een barst ontstaat, weet ze dat daar liefde en licht
door zullen stromen. Dan wordt het hele proces
van zelfontplooiing gemakkelijk.

We hebben geleefd met onze eigen ideeën over
het leven, liefde, de wereld, kennis enzovoorts. Het
ontmoeten van een Satguru als Amma is het begin
van ons pad naar zuiverheid en zelfverandering.
Het is het begin van onze innerlijke reis. Om deze
reis succesvol te laten zijn moeten we onze onjuiste
ideeën over het leven, liefde, de wereld, kennis en

alle informatie die we hebben verzameld, loslaten. Amma zegt liefdevol tegen haar kinderen: "Mijn lieve kinderen, jullie hebben niets van buitenaf nodig. Jullie hoeven niets te krijgen, maar veel dingen moeten verwijderd worden."

De wetten van wereldse prestaties en spirituele verworvenheden staan diametraal tegenover elkaar. Je succes in de wereld hangt af van het bezit en de rijkdom die je vergaart. Hoe meer je verwerft, des te meer succes heb je. Omgekeerd is in spiritualiteit loslaten de wet. Je moet je ego loslaten en de negativiteit die daarmee samenhangt, de zogenaamde sluier die de waarheid van het bestaan verbergt. We moeten *ajnana* (onwetendheid) loslaten om *jnana* (ware kennis) te verkrijgen. Met andere woorden we moeten van *asat* (dat wat niet het ware Zelf is) afstand nemen om *sat* (het ware Zelf of *Atma*) te verkrijgen.

Zelfs om wereldse zaken te verwerven moeten we veel dingen die ons dierbaar zijn opgeven.

Laat me Amma citeren: "Als een student eindexamen moet doen, kan hij zich alleen op zijn studie concentreren en goede cijfers halen als hij zijn gewoonte om tv te kijken, naar de film te gaan, bij vrienden rond te hangen, computerspelletjes te doen en ander amusement opgeeft. Het opgeven van iets, wat van minder belang is, om een hoger doel te bereiken is normaal, zelfs in de wereld. En wat zullen we dan zeggen over het hoogst haalbare van alles, spirituele realisatie?"

Tot nu toe hebben we ons leven geleid met waardering voor de vele dingen die we in de wereld hebben verzameld; we beschouwden ze als kostbaar. Dat was onze echte schat. Die waarneming moet gecorrigeerd worden. We hebben dringend een chirurgische ingreep nodig voor deze *ajnana timiram*, de cataract van onwetendheid. De behandeling doet wat pijn, maar alleen als we Amma toestaan om de ongewenste dingen te verwijderen, zal de verborgen spirituele schat in ons tevoorschijn komen.

Guru's die beweren verlichting te schenken laten je misschien al je ego-opsmuk en de misvattingen die je hebt vergaard, houden. De meeste mensen zijn hier blij mee, want dat willen ze, ook al is het onbewust. Als je ernaar streeft je verlangens en verwachtingen te vervullen, is het heel natuurlijk voor je om bij een 'meester' terecht te komen die 'ja' zegt tegen al je wensen. Een echte meester daarentegen schenkt misschien geen aandacht aan je verwachtingen, vooral als je doel Zelfrealisatie is.

Het treurige is dat zij die op zoek naar vrijheid zijn, een gemakkelijke prooi zijn voor onbetrouwbare guru's. Hun beloften verstrikken hen steeds meer in de boeien van je verkeerde ideeën over spiritualiteit en Godsrealisatie.

Houd dit voor ogen: je kunt elk pad kiezen, maar zonder liefde werkt niets. Of het nu om een vorm van *yoga, bhakti, karma* of *jnana* gaat, het gemeenschappelijke element is liefde. Daarom zegt Amma: "*Bhakti* is liefde met *jnana* als basis." Anders krijgen we een verkeerd beeld van Amma en spiritualiteit. Dat was inderdaad het fundamentele verschil tussen de *gopi's* en Radha. De *gopi's* hielden van Krishna, maar zij hadden geen *jnana* over Krishna's allesdoordringende natuur, terwijl Radha's liefde voor Krishna gebaseerd was op rotsvast vertrouwen in de alwetendheid van de Heer.

Onze houding mag niet zijn: "Amma, ik blijf bij u zolang u tegemoetkomt aan mijn wensen en verwachtingen en me gelukkig maakt. Anders ga ik weg."

Deze houding zal ons niet helpen op het pad. Over spiritualiteit wordt niet onderhandeld, vooral niet met een Satguru als Amma. Op dit pad zullen alleen zuivere liefde en overgave alle mysteries oplossen.

In 1983 was ik niet bij Amma omdat ze me naar Tirupati in Andhra Pradesh had gestuurd om mijn doctoraalexamen in de filosofie af te leggen. De fysieke scheiding van Amma was erg pijnlijk. Het drukte heel zwaar op mijn hart. In de trein zat ik in een hoekje om mijn tranen te verbergen. Alle passagiers waren vrolijk aan het kletsen, maar ik was erg verdrietig omdat ik niet bij Amma was. Gedurende de hele reis dacht ik alleen maar aan haar.

Toen ik was aangekomen, probeerde ik me te concentreren op mijn studie maar het lukte niet. Ik voelde me als een vis op het droge. Elk object, een stukje papier, een luciferdoosje, het garen dat ik had gebruikt om om de pakjes die ik had meegenomen te doen, de tas, de geur van elk ding herinnerde me aan Amma. Ik vergat te eten en te slapen. Tegen de tijd dat de eindexamens begonnen, kreeg ik het op de een of andere manier voor elkaar om de essays te schrijven. Op dat moment kreeg ik een brief van Amma. Ik las en herlas hem verschillende keren. Doorweekt door mijn tranen werd de brief nat. Moeders brief luidde:

> Lieve Zoon,
> Amma is altijd bij je. Amma voelt niet dat je weg bij haar bent. Mijn kind, Amma ziet je smachtende hart. Ze kan je huilen horen. Mijn zoon kijk naar de bomen die dansen in de wind, luister naar het zingen van de vogels, laat je blik rusten op het uitspansel van de hemel, kijk naar de schitterende sterren, de bergen, de valleien en de rivieren. Het zijn allemaal manifestaties van God. Alles in de schepping is vervuld van Gods geur. Zie Amma in alles om je heen en wees gelukkig.

Die avond zat ik voor mijn kamer en keek naar de bomen en planten. De lucht was vol glinsterende sterren en het zilveren licht van de volle maan stroomde over de hele aarde. Terwijl de tranen over mijn wangen biggelden, opende mijn hart zich. Ik dacht: "Deze bries waait misschien naar mijn Amma, misschien is hij zo gelukkig Amma's lichaam te strelen. De maan en de sterren moeten er ook naar verlangen Amma te zien. Misschien zijn ze ook op zoek naar haar." Ik kon Amma ruiken in de wind. Er was overal een voelbare aanwezigheid van haar. Op dat moment zong ik spontaan:

> *tārā pathangaḷē tāzhōṭṭu pōrumō*
> *tārāṭṭu pāṭuvān ammayuṇḍu*
> *tīrātta snēhattin nīruravāṇavaḷ*
> *tēṭum manassinu taṇaḷānavaḷ*

Sterren, kunnen jullie alsjeblieft naar beneden komen?
Amma is hier om een slaapliedje voor jullie te zingen.
Zij is de stroom van nooit eindigende liefde en Zij is de schaduw biedende boom voor de zoekende geest.

Toen ik de kamer na de examens ontruimde, kon ik de waardeloze kranten niet achterlaten die ik gebruikt had als pakpapier om dingen uit de ashram mee te nemen: een gebroken zeepdoosje, de lege flessen, de opgebrande stukjes van de wierookstaafjes, alle draad die ik gebruikt had om de pakjes mee in te pakken en andere onbelangrijke wegwerpspullen. Ik dacht: "Mijn pijn was zo intens toen ik van Amma gescheiden was. Misschien hebben deze dingen ook die pijn. Als ik ze hier achterlaat, zullen ze heel verdrietig zijn." Ze waren voor mij geen levenloze voorwerpen. Dus stopte ik die dingen ook zorgvuldig in mijn tas. Amma gaf me een glimp van wat zuivere liefde was, de toestand van een gopi als het ware. Als ik die gemoedstoestand maar had kunnen bewaren, dan zou ik haar Radha zijn geworden, ik bedoel, volledig één met haar. Ik ben er zeker van dat het ooit zal gebeuren.

Er is een Sanskriet woord *kataksha* dat genadevolle blik betekent. In Amma's *dhyana sloka* wordt ze beschreven als *snigdhāpāngavilokinīm bhagavatīm* (van wie de blikken stralen van bindende liefde). De *Sri Lalita Sahasranāma* beschrijft Devi als *katakshakinkaribhūta kamalākoti sevita* (Zij die wordt bijgestaan door miljoenen Lakshmi's, die beteugeld worden door een simpele oogopslag van haar).

Je zult dit woord *kataksha* in veel bhajans van Amma terugvinden. De beste vertaling van dit woord in het Nederlands is 'oogopslag' niet 'blik'. Hoewel we gewoonlijk 'oogopslag' gebruiken om een bepaalde manier waarop mensen naar elkaar kijken aan te geven, is 'oogopslag' iets wat God, alleen de guru, kan doen omdat dit vanaf een totaal ander niveau komt.

Er zijn momenten dat Amma een snelle blik op ons werpt. Het is niet slechts een blik. Je voelt het verschil. Het is een geheime communicatie tussen Amma en die bepaalde persoon. Niemand anders merkt het. Die oogopslag moet verdiend worden. We moeten er klaar voor zijn. Als geliefden verliefd worden, ervaren zij een glimp van zo'n oogopslag. Het is niet zo intens en veroorzaakt niet zo veel veranderingen als de oogopslag van de guru. Maar zij krijgen een idee van het verschil tussen een blik en een oogopslag.

Om het in Amma's eigen woorden te zeggen: "Als de guru naar de leerling kijkt, is het alsof je wordt omgeven door zuiver bewustzijn. De eeuwige verblijfplaats van de guru is het hoogste gebied van bewustzijn, de staat van *Shivoham*, 'Ik ben Shiva'. Als de guru vanaf die hoogte vol compassie kijkt naar de leerling, die op een lager niveau van bestaan verkeert, is de ervaring alsof je hele wezen baadt in een ononderbroken stroom van genade."

Dit overkomt ons soms als we Amma voor het eerst ontmoeten. De pure energie van die oogopslag blijft nog steeds in ons. Als we eenmaal klaar zijn voor een totale verandering, zal de oogopslag van de guru ons in de totaliteit van het bestaan duwen.

Amma zegt: "De ware guru-leerlingrelatie is het hoogtepunt van liefde en eerbied."

Als de leerling zo'n liefde en eerbied voor de meester ontwikkelt, brengt alleen al de aanwezigheid van de guru, zelfs de stilte van de guru, alles naar de leerling over. Dit is de betekenis van Dakshinamurti. [12]

Om dit allemaal te laten gebeuren moet de leerling enorm veel geduld hebben. "Heb vertrouwen, wees voorbereid en wacht geduldig," moet de mantra van een leerling zijn. "Snelheid is aantrekkelijk maar dodelijk" is een verkeersbord dat we op veel plaatsen in India zien. Dit is een principe dat niet alleen in het verkeer geldt,

---

[12] Dakshinamurti betekent letterlijk 'iemand die naar het zuiden is gericht.' Hij is een manifestatie van Heer Shiva en wordt beschouwd als de *Adi Guru* (eerste guru). Hij wordt gewoonlijk afgebeeld als een jongeman die onder een banyanboom zit en die zijn hoogste wijsheid overbrengt aan zijn leerlingen door middel van stilte.

maar ook in het leven. Kennis daagt van binnen maar net zoals er voor een zwangerschap en een bevalling veel geduld nodig is, zo ook vereist het ontwaken van echte kennis immens geduld.

Als de leerling seva voor de guru verricht, gaat hij zich met de guru identificeren. Het lichaam van de guru vormt de basis waardoor de leerling Gods liefde, zuiverheid, compassie, geduld, vergeving, zelfopoffering en alle goddelijke eigenschappen kan zien. Het lichaam van de guru is inderdaad het lichaam van God, vandaar dat dienstbaarheid aan de guru van het hoogste belang is.

Een leerling die zich helemaal heeft overgegeven, zelfs een leerling die een zekere mate van inzicht heeft, vraagt niets van de guru. Zo'n leerling zegt niet eens: "Zegen mij met verlichting." Vertrouwen in de guru is de basis van de guru-leerlingrelatie. De alwetende guru weet wat hij aan de leerling moet geven en wanneer. Daarom wordt er van de leerling verwacht de guru totaal te vertrouwen, zijn sadhana te doen, de guru onbaatzuchtig te dienen en vol liefde en geduld te wachten op de genade van de guru.

De guru is oneindig. Zijn kennis is ook oneindig. Er is een beroemd vers ter ere van de guru dat luidt: "Als we de genade van de guru hebben, hoeven we niet elke tak van kennis te bestuderen, want alle kennis en het belang ervan zal vanzelf opkomen. Voor de voeten van die guru buig ik nederig."

Hoewel sommigen van jullie de volgende ervaring al gehoord hebben, wil ik deze graag met jullie delen. Het was op *Guru Purnima*. Een hele tijd terug, in de beginjaren 80, had ik een intens verlangen om het harmonium te bespelen om mijn eigen liederen te begeleiden, want ik dacht dat als ik het harmonium kon bespelen terwijl ik zong, het me zou helpen om nog meer op te gaan in liefde en toewijding. Steeds weer probeerde ik het opnieuw. Werkelijk elke dag probeerde ik het instrument te bespelen, maar ik kwam niet verder dan de oplopende en aflopende toonladders. Op een morgen, toen ik in de tempel zat, oefende ik de gebruikelijke toonladders. Kort nadat ik begonnen was, liep Amma naar me toe en zei: "Ik zal het je leren." Ze ging naast me zitten en net als een leraar die een kind helpt om het alfabet te schrijven, hield Amma heel liefdevol mijn vingers vast en drukte ze naar beneden op de toetsen. Nadat ze dit slechts één keer gedaan had, stond ze op en vertrok. Ze zei: "Dat is genoeg."

Ik dacht dat dit gewoon een van haar speelse handelingen was, een van die heerlijke momenten met Amma. Ik had nooit kunnen dromen dat deze ene harmoniumles, die maar een paar tellen duurde, een wonder zou veroorzaken. De volgende dag vond er een gebeurtenis plaats waarbij ik zonder inzicht handelde en waarvoor Amma me een uitbrander gaf. Hoewel ik dacht dat haar ongenoegen eindigde met haar standje, realiseerde ik me langzaam dat ze mij de 'stille behandeling' gaf. Het duurde een paar weken, als mijn geheugen me niet in de steek laat. Onnodig te zeggen dat ik zeer verdrietig was, hoewel de les hard nodig was om mij mijn vergissing te laten beseffen.

De pijn die ik van binnen voelde, inspireerde me om een lied te schrijven. Toen ik de tekst opschreef, kwam de melodie tegelijkertijd spontaan naar boven. Kort daarna was het lied klaar en op muziek gezet. Op dat punt kreeg ik de sterke neiging om het op het harmonium te spelen. Het was alsof iemand me gevraagd had het te bespelen. Ik ging zitten en probeerde het harmonium te bespelen. Tot mijn verbazing sloeg ik spontaan de juiste toetsen aan. Ik kon niet geloven dat een dergelijke vaardigheid zich in zo'n korte tijd had kunnen ontwikkelen. Maar ik wist dat het Amma's genade was die door mijn vingers stroomde. Het was Amma's goddelijke aanraking die mij in staat stelde het instrument te bespelen en zo mijn verlangen te vervullen. Zo ontstond het lied *Nilambuja Nayane*.

nīlāmbuja nayanē ammē nī ariññō
ī nīrunna cittattin tēngalukaḷ
ētō janmattil cēytoru karmattāl
ēkāntanāyi ñān alayunnu

O Moeder met de blauwe lotusogen, wilt U niet luisteren naar het snikken van dit verdrietige hart. Misschien dat ik door de daden in een vorig leven alleen ronddwaal.

Alleen al in Amma's aanwezigheid zijn is *tapas*. We zijn ons er misschien niet van bewust, maar het zuivert ons, helpt ons vooruit en brengt ons dichter bij God, ons ware Zelf. Ieder ogenblik dat we bij Amma doorbrengen is als een stap dichter naar het doel.

Eigenlijk is het niet juist om te zeggen: "De leerling is op zoek naar de guru." In werkelijkheid is het andersom: "De guru is op zoek naar de leerling." Waarom? Omdat de leerling volledig onbekend is met het pad van Zelfrealisatie en die hoogste ervaring. Daarom heeft de leerling niet de wijsheid om de guru te zoeken die altijd gevestigd is in die staat van zuiver bewustzijn. Hoe kan een onwetende iemand zuivere kennis zoeken? Hoe kan verdriet volmaakte gelukzaligheid zoeken? Dus de guru zoekt de leerling. Als de leerling oprecht in zijn benadering is, de guru gehoorzaamt, naar het onderricht van de guru luistert en het steeds in de praktijk brengt door zijn sadhana te doen zoals de guru heeft voorgeschreven, dan zullen er in zijn leven ongetwijfeld wonderen gebeuren op het pad naar zelfontplooiing.

In onze totale onwetendheid proberen we met onze beperkte mentale en intellectuele vaardigheden de manier te bepalen waarop God handelt. Terwijl wij binnen onze nietige wereld van begrip blijven, denken we vol trots dat we het onmetelijke kunnen meten, terwijl God met een knip van Zijn vingers al onze ideeën over het leven en de wereld kan wegvagen. We zien alles op zijn kop.

Laat me Heer Krishna in de *Bhagavad Gita* citeren:

> *ūrdhva-mūlam adhaḥ-śākham aśvattham*
> *prāhur avyayam*
>
> Met wortels boven en takken beneden wordt van de banyanboom gezegd dat hij onvergankelijk is. (15.1)

Deze omgekeerde boom is een allegorie. Uit een klein zaadje komt een gigantische boom voort. Hij groeit en er komen takken uit als een klein bos. Sommige van de takken buigen zo naar beneden dat ze de grond raken. Daaruit groeien weer wortels. Ze gaan diep de aarde in en hieruit komt een aantal ondersteunende takken voort. Zo is ook de menselijke geest met zijn talloze gedachten en emoties. Ieder van ons draagt een enorme boom van samsara met zich mee.

Als we in een vijver of meer kijken, kunnen we de weerspiegeling van de bomen zien die op de oevers groeien. Wat als we realiteit toekennen aan de weerspiegeling en de echte bomen vergeten? Dat is onze huidige staat. We zijn onze ware aard vergeten.

Ongeacht wie we zijn, rijk of arm, geschoold of ongeschoold, gezond of ziek, we zijn allemaal verstrikt in deze omgekeerde boom van samsara. We zien ons bestaan nooit zoals het echt is. We zien het begin, het midden of het eind ervan niet. In feite is het een gigantische illusie die voor waar wordt aangenomen door de langdurige onwetendheid over onze ware aard.

We leiden eenvoudigweg ons leven in een eindeloze keten van aantrekking tot zintuiglijke objecten, verlangens, handelen, het resultaat daarvan en weer verlangens. Amma biedt ons vol mededogen aan om ons uit te tillen boven deze misleide toestand van de geest.

Er is een beroemd vers in de *Bhagavad Gita*. Het is een traditie om dit specifieke vers aan het eind van elke hoofdstuk te reciteren.

> *sarvadharmān parityajya mām ēkam*
> *śaraṇam vraja*
> *aham tvām sarva pāpēbhyō mōkṣayiṣyāmi mā*
> *śucaḥ*

> Geef alle soorten dharma op en geef je eenvoudig alleen aan mij over. Ik zal je

bevrijden van alle zonden, wees niet bang.
(18.66)

Zoals Krishna dit aan de wereld beloofde, aan zijn
toegewijden, zo belooft Amma dit ook aan haar
kinderen: "Mijn lieve kinderen, Amma's liefde
voor jullie is oneindig. Amma zorgt voor ieder van
jullie zonder ook maar iets te verwachten. Leer
om je over te geven. Amma zal je bevrijden uit de
oceaan van verdriet (*samsara sagaram*)."

Arjuna was in de war over zijn *dharma* en dacht
daarom dat de naderende oorlog *adharma* (onjuist)
was. Toen hij op het slagveld stond, gedroeg hij
zich als een lafaard en wilde vluchten. Maar
Krishna, de volmaakte meester, bracht hem moed
bij en maakte hem bewust van de realiteit van
de situatie. Hij gaf Arjuna de hoogste spirituele
kennis en leerde hem hoe hij de hele gebeurtenis
vanuit een hoger bewustzijn kon bekijken. Krishna's zeer inzichtelijke raad bracht Arjuna weer
bij zijn zinnen. Hij realiseerde zich dat de oorlog
niet zijn keuze was, maar dat dit voorbestemd
was. Deze overtuiging hielp Arjuna de situatie te
verwelkomen door zich over te geven, waardoor
hij zijn volledige potentieel kon gebruiken zonder
enig schuldgevoel of zelfverwijt.

Mogen we in staat zijn Amma volmaakt te zien. Mogen we in staat zijn volmaakt naar Amma te luisteren. Mogen we in staat zijn om Amma volmaakt te voelen. Mogen we in staat zijn volmaakt van Amma te houden en mogen we in staat zijn Amma volmaakt te ervaren.

Amma roept naar ons: "Lieve kinderen, kom vlug. Jullie zijn de essentie van het eeuwige OM." Ieder van ons is 'lief' voor God, voor Amma en voor de wereld. We hebben allemaal zoveel bij te dragen. We hoeven alleen maar te ontwaken en ons innerlijke potentieel de vrije loop te laten. Denk er daarom aan dat ieder van ons belangrijk is. Ons leven doet ertoe en we kunnen een verschil maken in deze wereld.

Laten we bidden:

Amma,

Moge uw genadige blik mij helpen alle situaties in het leven opgewekt tegemoet te treden.

Moge uw genadige blik mij helpen mijn plichten als liefdevolle en onbaatzuchtige seva te verrichten en niet als een karwei.

Moge uw genadige blik mij helpen om niet in het verleden of de toekomst te verblijven, maar in het nu aanwezig te zijn.

Moge uw genadige blik mij helpen om de noodzakelijke veranderingen in mij te bewerkstelligen en me niet te richten op het veranderen van anderen.

Moge uw genadige blik me helpen om altijd tevreden en gelukkig te blijven onder alle omstandigheden in dit leven.

Aum Tat Sat — Dat is de Waarheid

www.ingramcontent.com/pod-product-compliance
Lightning Source LLC
Chambersburg PA
CBHW071208090426
42736CB00014B/2751